HAUPTSACHE KOPFLOS

Harald Kretzschmar
Hans-Dieter Schütt

HAUPTSACHE KOPFLOS

Harald Kretzschmar
Hans-Dieter Schütt

Karl Dietz Verlag Berlin

ISBN 978-3-320-02176-4

© Karl Dietz Verlag Berlin GmbH 2009
Typographie/Satz: Anna-Maria Roch
Einband: Harald Kretzschmar/Heike Schmelter
Druck- und Bindearbeit: Holzhausen Druck & Medien GmbH
Printed in Austria

*Mit zunehmender Ernüchterung kommt mir der Gedanke, die soge-
nannte Geschichte könnte auf eine überaus einfache Formel zu
bringen sein: Es muss zu jeder Zeit ein paar Anständige geben, die
ihren Kopf herhalten.*

*Auf die beruft sich dann später der große Rest. Das ist der Sinn der
Geschichte.*

HORST DRESCHER

Die Utopie wird immer besser, während wir auf sie warten.

ALEXANDER KLUGE

*Heiner Müller hörte geduldig zu, wie Friedrich Schorlemmer über die
Folgen des Mauerfalls sprach: »Da gab es plötzlich mehr Verkehrs-
tote, die Selbstmordquote stieg sprunghaft an, viele hatten keine
Arbeit mehr und begannen zu trinken ...«*

Da unterbrach ihn Heiner Müller: »Aber es gab auch Nachteile.«

WERNER FULD

*Was wird aus den Deutschen? Verlieren sie bei aller Zerrissenheit,
die ihnen auferlegt wurde, die Fähigkeit, Zerrissenheit zu empfinden?*

HARTMUT LANGE

AUF DEN KOPF ZU GESAGT
Hans-Dieter Schütt

1.

Die deutsche Zeit vor 1989: Da war ein Jedes wie immer, entsprechend der ewigen Wahrheit des alten philosophischen Griechen: Alles fließt. Aber nichts wollte sich verändern. Die deutsche Zeit nach 1989: Das Leben ist teurer geworden, der Mensch billiger. Und: In Diktaturen heult man mit den Wölfen (zuletzt mit den Reißwölfen), nun, in der Demokratie, mit den Schafen.

Diese Zeit seit 1989: zwanzig Jahre wie im Flug. Hier und da, gar nicht so selten!, auch im Fluch. Wegen der Freiheit, die manchem, dem sie so lange fehlte, nun zu viel ist. Im Osten hatten sich Menschen an eine Idee vergeben, die »dritte Sache«, jetzt, im Westen, kommen sie einfach nicht zur Sache: zu sich selber. Sie sind nicht trainiert dafür. Sie haben zwar vieles, aber was sich gut rechnet, nimmt ihnen Raum und Zeit und Kraft für das, was zählt. Wendefrüh stand fest: Die so vehement nach ihrer eigenen Fasson leben wollten, würden die ersten sein, die sich beklagen, man habe sie allein gelassen. Die erdrückende Mehrheit des Volkes wählt Freiheit und – erdrückt sie. Und Freiheit heißt jetzt auch: grenzenlos Angst haben zu dürfen – vor der Zukunft. Die aber dennoch, ganz so wie früher, besser ist als die Gegenwart: Sie hat uns nämlich noch nicht ereilt. Sein oder Nichtsein? Nein, die wieder sehr offene deutsche Frage lautet: Haben oder Nichthaben?

In solcher Lage blickt dieses Buch zurück auf zwanzig Jahre Mauerfall. Zwanzig Jahre Mauerfall? So lange dauert das? Und noch scheint kein Ende absehbar.

Hauptsache kopflos. Das darf getrost, aller landläufigen Wahrnehmung nach, als Grundprinzip modernen politischen Handelns bezeichnet werden. Geht man (wie hieß es in der DDR so schön beschwichtigend?) »dialektisch« an diese Unterstellung heran, so wäre also allgemeine Hirnlosigkeit in den höheren Etagen geradezu ein Segen. Denn Kopflosigkeit ist eine zwar umstrittene, aber doch unumstritten wirksame Methode, um den Wunsch nach gedeihlicherer Praxis, also das Bedürfnis nach mehr Köpfen mit

Köpfchen, wachzuhalten. Ja, ein Paradoxon: Just das Unerträgliche ist der verlässliche Reiz, sich des Bekömmlichen, Rettenden für ein Gemeinwesen erst richtig und nachhaltig bewusst zu werden. Ohne die Drohung der Schatten kein Drang nach Licht. Erst die behäbige, trübe Realität schafft jene gedankliche Sinnstiftung, die das Leben, mitten im Anwurf durch das Vergängliche, lebenswert erscheinen lässt. Es gilt, Sehnsüchte nicht zu erfüllen, sondern zu wecken. Demnach sollte man die Geistlosigkeit geradezu beschwören, um so den Geist herauszufordern? Das klingt ein wenig, als müssten wir auch dem Bösen innig dankbar sein, denn: Erst dieses Böse beschert und wahrt unserem tolldreisten Traum vom Guten das ewige Leben. Zu wahr, um schön zu sein. Aber nichts ist ohne sein Gegenteil wahr, sagt der Dichter Martin Walser.

Hauptsache kopflos. Lassen wir die Ironie einen Moment weg, dann könnte allerdings auch Folgendes zutreffend sein: dass Zeiten, in denen wir von inspirationslosen Routiniers regiert werden, womöglich die besten sind. Während dagegen der Hilferuf nach mehr Intelligenz im Öffentlichen ein Elend offenbart: dass nämlich schon alles unrettbar verloren ist.

Hauptsache kopflos. Es ist der Blick auf einige Leute, die in den zwanzig Jahren nach jenem letzten DDR-Herbst 1989 öffentlich wurden. Und weil in den zwei Dezennien nach dem Staats(zapfen)streich wahrlich einiges recht kopflos, wenn auch sehr kalkuliert geschah (Achtung, erneut Dialektik!), traten wiederum andere auf den Plan, die entgegengesetzt zum pressend Geordneten, zum drohend Gesetzmäßigen der nunmehr erweiterten Bundesrepublik einen wachen kritischen Geist behaupteten, bekräftigten, ihn störrisch erneuerten. Diesen kritischen Geist unterscheidet vom Politiker-Geist, dass letzterer die Probleme auf möglichst niederem Niveau nur immer lösen, ersterer aber die Probleme auf möglichst hohem Niveau – leben will.

Dieses Buch ist keine Chronik, kein Lexikon, keine Sammlung von Lebensläufen. Die Zeichnungen und Texte sind – aus Beobachtungen heraus – der Versuch einer Erkenntnis. Zwar rettet Erkennen nichts, denn es hilft über wahre Untiefen nicht hinweg – aber wenigstens ist eine Erkenntnis als Pointe brauchbar, um neuen Streit über ihre Untauglichkeit als gültige Wahrheit zu stiften.

Was Kretzschmar und mich an den zwanzig Jahren nach jenem Herbst 1989 interessierte, waren Äußerungen, mit denen sich möglicherweise mehr erklären ließe als die Verfasstheit derer, die diese Sätze von sich gaben. Wir sammelten, was an Pulten, in Publikationen gepredigt wurde und Publikum aufstörte, was an gesagter Meinung oder hinausgerufenem Appell also störte und gesellschaftliche Störanfälligkeit offen legte. Welches Wort aus welchem Mund warf welches (Zwie-)Licht auf den geistigen Zustand des Staates? Wie wurde also von wem – gegen wen und für wen – auf akute Probleme der großen und kleinen Welt reagiert?

2.

Harald Kretzschmar ist Porträtist, Karikaturist, Publizist, und er ist Cartoonist. Letztere künstlerische Seinsweise ist eine Art Notwehr. Denn sie hat ihren Impuls in des fleißigen Mannes immerwährender Zeitungs-Zeichnerei, und bei dieser »Fron« darf einen schnellen Arbeiter wie ihn schon mal die Sehnsucht nach längerem Atem überkommen. Zeitungsmachen ist nämlich eine Hatz, die mitunter schneller sein will (muss?), als redaktionelle Menschen denken können. Wie all diese Hurtigen täglich die unerbittlich gleiche Zahl von Seiten füllen, das kann nur mit beträchtlichem Selbstbewusstsein gelingen. Und zwar mit einem Selbstbewusstsein, das beizeiten und entschlossen den natürlichen Zweifel an jenen eigenen Brusttönen verdrängt, mit denen die Welt täglich und immerfort fürs Zeitungsformat zurechtkommentiert, also passend geschnitten, geschnürt, gepresst wird – bezeichnenderweise behauptet niemand inständiger, eine eigene Meinung zu haben, als derjenige, der doch nur die Echos der Weltgeräusche sortiert. Wohl dem, der in solcher Lage mehr zur Verfügung hat als lediglich dies jagende, anmaßende journalistische Talent, das ein sekundäres und halbes bleibt, so sehr es auch selber an Einfluss und weitreichende Möglichkeiten glaubt.

Kretzschmar hat diese andere, sehr befreiende Gabe, und dementsprechend sein beseelter Ausstoß: »Einmal muss mit diesem Klein Klein Schluss sein. Einmal in der Woche muss ich daher weiter ausholen. Zu einem größeren Wurf. Zum philosophischen Cartoon, gezeichnet für die Mappe.« Nein, beileibe nicht nur für die Mappe. Nun auch für dieses Buch.

Natürlich kommen wir beide, Kretzschmar und ich, trotzdem und weiterhin unheilbar vom leidigen Lesen der Journale, aber: Zeit-Beobachtung, will sie denn etwas mehr hervorbringen als lediglich ein Eintagsfliegengewicht, muss den Blick schnell weglenken von den dort vermeldeten sogenannten Haupt- und Staatsaktionen. Deshalb haben wir uns – neben den Porträts – sehr kleine Meldungen hergenommen und just darin gesucht, was diese gegenwärtige deutsche Welt im Innersten, nein, nicht zusammenhält, sondern weiter brüchig macht. Beliebige (!) Nachrichten im Laufe von zwanzig Jahren, aus den Rubriken »Gemischtes« oder »Panorama«: das Kuriose und Groteske als Wegweiser zu polit-kulturellen Untiefen, in die unser Leben nach dem politischen Weltenwechsel eingebettet wurde. Das Geringe, das Beiläufige, das Absurde gar als ein Anlass, um von möglicherweise Wesentlichem zu reden? Ja, kein Denken ist ehrlich, das nicht im Fragmentarischen bleibt. Aber freilich: Alles, was eine Dosis Absurdität enthält, versöhnt uns auch wieder mit der Welt.

3.

Eine Galerie des deutschlichen Tons – wo doch aber alles russisch begann! Mit Michail Gorbatschow wurde die andere Zeitrechung zur Weltpolitik, und ein sogenannter Sozialismus, der sich fatal perfekt wähnte, war im Handumdrehen Plusquamperfekt. Gorbatschow handelte in einem politischen Raum, der gefährlich eng geworden war, zur Sprengung drängte oder, wie in der DDR, zur Implosion. Was immer in jener kurzen geschichtlichen Spanne am Ende der achtziger Jahre zu entscheiden war – wie sollte der Knoten gelöst werden, der sich über die Jahre der sozialistischen Verwerfungen und Missbräuche und subjektiven Maßlosigkeiten immer fester zugezogen hatte? Gorbatschow musste als Held des verändernden Vormarsches an der Last der Geschichte scheitern, derart umdrängt vom Despotismus der Autokraten, von der Selbstherrlichkeit der Büro-Fürsten, vom kontrolllosen Walten der Geheimpolizei; dann das riesige stehende Heer, das Brodeln in den Unionsrepubliken. Er konnte, im erschütternden Vorwärts, nur als Held des Rückzugs bestehen, und dieser Mut wird all jene überdauern, die ihn inzwischen eines großen Ausverkaufs bezichtigen. Die Erlösung von einer Kirche hat er einleiten wollen, vollenden müssen hat er die Auflösung einer ganzen Welt. Dann ging es ihm wie allen Pionieren: Eine Sache, die sich lohnt, fällt naturgemäß in gemeine Hände.

Wer zu spät kommt, den bestraft das Leben! Nicht mal zehn Worte, die eine Welt erschütterten; ein Selbstporträt des falschen Sozialismus, diese wenigen Worte. Gorbatschows revolutionäre Leistung bestand am Ende darin, so Heiner Müller, endlich ausgesprochen zu haben, was wir auf deutschem Boden schon vierzig Jahre lang wussten. Aber was allen bekannt ist, soll ja meist besonders geheim bleiben! Aus Proleten, die nichts zu verlieren hatten, waren Kommunisten geworden, die nichts mehr zu verlangen hatten; Sieger insofern, als tatsächlich immer mehr Menschen Rot sahen, und eines Tages erschraken die Kommunisten, weil sie keine Ewigkeit aus Fortschritt mehr vor sich sahen, sondern das eigene Volk. Das ihnen jedoch nie gehörte und das nun fortging.

4.

In den jüngsten zwanzig Jahren geschah auf der politischen Bühne manches, was sich mit historischem Anspruch dann doch nur sekundenlang aufzubauschen vermochte; so vieles warf sich zwar langzeitgierig auf, um bald darauf wieder ins allgemeine Blasenplatzen eingemeindet zu werden; manches, was man zum (politischen, kulturellen) Starbetrieb hellputzte, wurde uns blitzschnell sternschnuppe; Hoffnung belog uns, hielt uns aber aufrecht; Freiheit hob uns und drückte uns doch gleichzeitig nieder – auf dieses schrundige, schrullige deutsche Gelände wirft das vorliegende Buch einen Blick. Das Spektrum des Gesehenen entsteht aus sehr subjektiven Färbungen.

Hauptsache kopflos. Wer auf diese Art politisch handelt, wird selbstbewusst so immer weitermachen: Denn nichts kann ihn den abwesenden Kopf kosten. Aber im Eifer der Selbstgewissheit übersieht mancher wohl auch künftig, dass es ihm dennoch an den Kragen gehen kann.

BÄRBEL BOHLEY UND DIE ANGST DER SED
September 1989

Es geht nicht um Bananen, es geht um Würde.

Sie war Malerin und durfte sich ausmalen, was das bedeutete: »Neues Forum«. Mit dessen Geburt kam sie endgültig – in offiziellen Kommentaren – als »Staatsfeindin« zur Welt. Ihre Beharrungskraft hatte etwas Trauriges, ihre Einfachheit täuschte womöglich über Untergründigkeiten hinweg: Immerhin gehörte sie später – als ihresgleichen nach der Macht greifen durften – zu jenen wenigen störrischen Ex-Bürgerbewegenden, die mit demokratischem Recht weiter darauf bestanden, nichts von Realpolitik zu verstehen. »Wir wollten Gerechtigkeit und bekamen den Rechtsstaat.« Ihr berühmtester Satz im ersehnten neuen Deutschland, als mit dem Lügenmonopol der SED auch das Wahrheitsmonopol der Oppositionellen erledigt war. Viele Jahre lebte sie in Kroatien, half Flüchtlingsfamilien, wieder heimisch zu werden.

Ihr Name ist noch immer Reizstoff, um einstige Systemtreue an deren unangenehme Zuständigkeiten zu erinnern. Wer die Couragiertheit der Neunundachtziger jedoch als Feierabendrevolution belächelt, mit klarer Denunziationsabsicht auch gegen Menschen wie Bohley, der muss sich die Frage gefallen lassen, warum die SED denn dann derart große Feindfurcht und Kontrollwut gegen diese Belächelnswerten entwickelt hatte. Aber was geschieht, wenn Täter heute auf ehemalige geistige, politische Feinde treffen, die in ihrer Erinnerung an eine repressive Praxis etwas hartnäckiger bleiben als andere? Es geschieht – weil Täter nicht darüber trauern wollen, vielleicht ein gerüttelt Teil falsch gelebt zu haben – genau das, was der Leipziger Schriftsteller und Friedhofsblumenhändler Horst Drescher notierte: »Menschen, die man auf dem Gewissen hat, bleiben einem irgendwie unsympathisch; unsympathisch auch dann noch, wenn man ihnen sozusagen schon lange verziehen hat, dass man sie auf dem Gewissen hat.«

HANS-DIETRICH GENSCHER UND DER BALKON
September 1989

... sind wir gekommen, um Ihnen mitzuteilen, dass Ihre Ausreise morgen ...

»Wie ein hochinfektiöser Holzsplitter steckte der Schrei der Tausenden Ausreisewilligen hinauf zum Balkon der Prager Botschaft, auf dem der bundesdeutsche Außenminister Freiheit verkündet hatte, im Gehör des müden und kranken Leibs, dessen vierzigster Geburtstag in ein paar Tagen gefeiert werden musste.« So beschreibt Uwe Tellkamp in seinem großen Roman »Der Turm« die Szene. Dies Prager Beispiel: Einer hält keine Rede, sondern Wort. Ressortgerechte Arbeit: Ein Außenminister erlöst Menschen, deren Reiselust sich bislang, ja! – in Grenzen gehalten hatte. Längst war ihnen auch in Ostberlin das ultimativ gültige Dokument ausgestellt worden: der Laufpass.

Mit seinem Lebenslauf hat Genscher das Durchschnittsdeutsche zur außenpolitischen Krone geführt: Jung war der Mitteldeutsche westwärts geflohen, nur vierzig Mark in der Tasche, ein Stück Sachsen-Anhalt blieb auf Dauer in der Stimme zurück. Im Nebenjob wurde der FDP-Mann nach dem Ende der DDR zum berühmtesten Werbespot für (seine Geburtsstadt) Halle.

Die Balkonszene: bei Shakespeare ein Annäherungshauchen mit Nachtigall. In Prag: ein Abkehrschrei mit Bundesadler. Auf einem Balkon hatte Liebknecht die deutsche Räterepublik ausgerufen, auf einem Balkon düpierte Genscher jene deutsche Republik, die sich ohnehin keinen Rat mehr wusste. Daheim zog Honecker die letzte Konsequenz: fortan lieber Wasserwerfer vorzuschicken, als Tränen nachzuweinen. Überhaupt stieg das Wasser, und stieg und stieg. Es stand dem Staat bald höher als bis zum Hals, und diejenigen, die auf Nicken codiert waren, es war nicht abzustellen, die nickten weiter. Und soffen ab, wie sie da so auf ihrem Trocknen saßen.

GÜNTER SCHABOWSKI UND DER ZETTEL
November 1989

Das tritt nach meiner Kenntnis ..., ist das sofort, unverzüglich.

Er war der ideale Agitator: das bellende Bewusstsein der Partei. Der perfekte Ideologe: die Zügel wichtiger als der Pferd. Auch er lebte sich weg – vom Prinzip Hoffnung hin zum Prinzip Wandlitz: im Wald eine Villa; vor der Villa ein teures Auto; im Auto ein Mann; im Mann ein Herz; im Herzen die Liebe zum Sozialismus.

Es war im Herbst '89 wohl ein später, sengender Peinlichkeits-schmerz, der ihn aus der Riege der sprachlosen Politbürokraten ausbrechen ließ und zum Wortgefecht mit den wütend Ermüdeten auf die Straße trieb. Oder es war seine sture Missachtung des Vol-kes, das doch nicht nur andere Zeiten, sondern auch andere Köpfe wollte. Am 9. November, 18.57 Uhr, nestelte er einen Fetzen Papier aus der Tasche und verkündete der verblüfften Welt das Ende des Eisernen Vorhangs. Eine Pressekonferenz genügte für die alte Wahrheit: Geschichte erteilt die folgenreichsten Denk-Zettel mit größter Beiläufigkeit.

Er schwor dann der weltgeschichtlichen Idee ab, gründlich, öffent-lich, heftig, so plötzlich und unerwartet, wie ein erlösender Tod kommt. Er tat es wohl zu sehr in der Nähe jenes barsch unzweifel-haften Tones, in dem er diese Idee den Leuten erst eingebläut hatte. Dem Hass des Volkes folgte so der Hass der Genossen. Er fiel den früheren Gefährten in den Rücken, indem er sein Rückgrat wen-dete. Er gab's ihnen, indem er Schuld zugab. Also teufelten viele Ehemalige gegen ihn, hielten sich darin leider für ehrenhaft und entgingen auf diese Weise glücklich jenen schmerzlichen Erkennt-nissen von Irrtum und Irrweg. Die er, in die Asche seiner Jahre bli-ckend und dabei fast schon wieder glühend, knurrend ausspuckte.

Wie man Freiheit möglicherweise nicht dort genießen kann, wo sie einem verweigert wurde, so möchte man Lehren der Geschichte offenbar nicht von jenen Lehrern hören, die besonders schnell in der Lage sind, den Lehrplan zu wechseln. Aber deshalb schweigen? Nur die Wahrheit zählt, die man gegen sich selber fin-det.

9.11.

HANS MODROW UND DIE ALTEN TAGE
Dezember 1989

*Nun bin ich sogar Ministerpräsident. In der DDR dachte ich mehr
und mehr, Berlin würde mich eines Tages als Botschafter in die
Mongolei abschieben.*

Von Dresden nach Deutschland: Modrow war ein SED-Politiker
nicht nur im »Tal der Ahnungslosen«, sondern auch im Schatten
des Politbüros, und als er DDR-Premier wurde, Ende 1989, galt
schon das Gesetz des Stärkeren. Stärker als die Idee eines refor-
mierten Sozialismus war aber nicht nur der heranschießende Westen, sondern auch das unaufhaltsam sich abwendende eigene
Volk. So wurde Modrow zum akkuraten Sinnbild einer sterbenden
Republik. Mit ernstem Sanftmut und zitternder Würde ackerte er
für eine staatliche Schluss-Szene. Man sah ihm trotzdem die harte
Mühe an, diese Gratwanderung auf die sogenannten alten Tage
heiter durchzuhalten. Denn die Position des fortwährend Lernen-
den ist doch nicht wirklich die angenehmste, bequemste. Dafür ist
doch viel zu wenig Platz im Bewusstsein (auch einer Partei): Man
ist festgelegt auf die Stelle, auf die die Schläge fallen. Und
Schmähungen, Abweisungen kann man nicht ständig willkommen
heißen wie etwas Wärmendes.

Modrow wurde PDS-Ehrenvorsitzender, das ist der politische
»Bambi« fürs Lebenswerk: Man wird emporgehoben, damit man
unten, auf dem Boden der Tatsachen, nicht den hurtig schnurren-
den Betrieb stört. Der wahre Ehrenvorsitzende stört sich daran
nicht. Modrows Kräfte sind die eines zähen Dauerläufers. Einst
trug auch er als Sportkleidung die Siebenmeilenstiefel – ein Vor-
wärtsschreiten war das, so, dass der Weg nicht mitkam. Vorbei.
Die Idee lebt nicht mehr auf großem Fuße. Aber der Sozialismus
bleibt die ideale Trainingsstrecke: Das Ziel liegt in sehr, sehr weiter Ferne.

HEINER MÜLLER UND DER KOMMUNISMUS
Februar 1990

Der historische Prozess, der jetzt im Ostblock einsetzt, läuft auf die Trennung der Kommunisten von der Macht hinaus – eine interessante Perspektive. Auf dem S-Bahnhof Warschauer Straße in Ost-Berlin steht an der Pisswand: Wie kann die Partei die Faust ballen, wenn sie die Finger überall drin hat?

Dieser Dramatiker war der Fähigkeit ausgesetzt, das Material Leben hemmungslos auf kälteste, böseste, witzigste Punkte zu bringen. Er war der beständige Kosmonaut, betrachtete die Ameisenmenschheit von weit oben, aus dunklem Weltraum: Nichts bewegte sich da unten, wo alle meinten, die Zukunft zu stürmen. Er kannte keine Kategorien wie Falsch oder Richtig, Links oder Rechts, Sieg oder Niederlage – solche Trennung taugt nicht für ein Zeitgefühl »zwischen Eiszeit und Kommunismus«. Was Müller in seinem Werk aufdeckt, ist der Skandal der kommunistischen Gleichzeitigkeit: Fortschritt und Terror, Aufschwung und Niederriss. Denn immer wieder in der Geschichte gelang es, Menschen davon zu überzeugen, es gäbe, einer höheren Ethik zufolge, so etwas wie die Versittlichung des Mordens. Klassenkampf genannt.

Aufklärung? Eine ununterbrochene Katastrophe. Gerechte Güterverteilung? Ein Welten-Streit, der inzwischen auf noch mehr Elend hinausläuft. Dieser Dichter entriss den Wahrheiten jenen schützenden Schleier aus Moral, der noch die größte Bitterkeit mildert – indem der Körper zwar durchs Blut watet, das Bewusstsein aber unbeirrbar die Ideale predigt. Zynisch war Müller jedoch keineswegs. Nur hat er wegen einer Hoffnung, die im Chor gesungen wurde, nicht das unverwechselbare Gesicht seiner Verzweiflung verraten. Sein Theater: als hingen Blutfahnen schwarz weltabwärts. Im zausenden Spielwind.

Er schrieb Stücke. Dann gab er Interviews, in denen ganze Aphorismenbände versteckt waren. Heute, so sagt der hellsichtig finstere Regisseur Dimiter Gotscheff, würde er schweigen.

DER RUNDE TISCH: EINE WEGSCHEIDE
März 1990

Jetzt geht zu Ende, was wie kein zweites politisches Instrument die Intelligenz, den Witz, die Fantasie der Ostdeutschen bewies. Wir werden Wehmut spüren, wenn erst die Maschine der demokratischen Routine und des Lobbyismus so richtig auf Touren kommt.
WOCHENPOST

Eine Woche vor der Volkskammerwahl am 18. März tagte der Runde Tisch zum letzten Mal – dieses politische Möbelstück, das die SED als polnisches und ungarisches »Vehikel des Verrats an der sozialistischen Demokratie« verunglimpft hatte. Bärbel Bohley, Ulrike Poppe, Konrad Weiß, Martin Ziegler, Karl-Heinz Ducke, viele andere: Charaktere im spannendsten Adlershofer Live-TV-Programm jener Zeit. Ein dramatisches Gemisch aus ungeübtem Patriotismus und bürgerlicher Umsichtigkeit, romantischer Vision und nüchterner Buchhaltung. Eine Vermählung von Haltung und Unterhaltung; Hilfe zur Selbsthilfe – gegen hängende Köpfe, schwere Augenlider, zugeschnürte Kehlen, gelähmte Zungen, gekrümmte Schultern. Bislang Führende zwang der Runde Tisch zu begreifen, dass es Zeit war, Stühle freizumachen. Er war auch eine Wegscheide: Von hier ging es voran in die Politik oder aber zurück ins Leben, also wirklich vorwärts. Ingrid Köppe etwa, prägsame Moralistin, kühle, strenge Dunkelhaarige mit den sehr eindringlichen blauen Augen – sie steht für die Konsequenz, sich im richtigen Moment zurückzuziehen. Wahre Zivilcourage: das Geschäft des Politischen zu verlassen, bevor es eine Politik des Geschäfts würde.

REGINE HILDEBRANDT UND DAS AMT
April 1990

Nee, ganz klar: Nee! Welcher normale Mensch reagiert denn anders, wenn er die absurde Frage hört: Willste nicht Ministerin werden?

Wie aber wird man trotzdem Ministerin in der letzten DDR-Regierung? Während einer Chorprobe der Berliner Domkantorei, es war ein Montagabend, kommen zwei SPD-Mitglieder, holen die Biologin Regine Hildebrandt, denn in der Fraktion sei endgültig die Leitung des Sozialministeriums zu klären. »Wir haben niemanden, Regine, bitte ...« Sie verspricht, sich die Sache zu überlegen, sagt es in einem Ton, der weiß: auf keinen Fall!

Plötzlich meldet sich in dieser SPD-Sitzung ein Mann aus der Fraktion, der sich bislang überhaupt nicht für Gesundheit oder Soziales interessiert hatte; ihm sah man die Blitzeingebung an, jetzt flugs eine Karrierechance zu nutzen. »Ich würde das machen«, sagt der Mann.

»Nein, dann mache ich das!« Ruft eine Frau, die weit neben Regine Hildebrandt zu sitzen scheint, und Regine Hildebrandt schaut auf diese ihr ebenfalls fremde Frau, hört ihre Worte und wundert sich. Darüber, dass da gar keine fremde Frau sitzt. Dass sie selber es war, die da gerufen hatte: »Nein, dann mache ich das!«

Diese so ganz andere, seltenartige Geburtsstunde einer Ministerin. Kein Draufhinarbeiten. Nur ein Reflex, um zu verhindern, dass da jemand aus purem Eigennutz in ein Amt gelangt. Hildebrandt wird Ministerin gemäß ihrer unumstößlichen Lebensregel: Alles zur Macht Gekommene oder Hindrängende mit dem ureigenen Gefühl prüfen, und zwar mit jener Empfindlichkeit, mit der man Essen und Trinken zu sich nimmt – nichts schlucken, was einem nicht bekommen würde.

KLAUS RENFT UND DIE AKTEN-WAHRHEIT
Mai 1990

Wir sind endlich wieder zusammen, natürlich in Leipzig, spielen im Haus Auensee, als wäre nichts gewesen, und diese zweitausend Fans hier in der Sommerbühne, Ihr seid für mich der unvergängliche, wetterfeste Rest der DDR.

Er sang, er spielte, er hat gemalt, vor allem war er ein unbekümmerter Nomade. Für ihn stand fest, wo genau Armut beginnt: ab Reichtum aufwärts. Er begründete jene grandiose Leipziger Klaus-Renft-Combo, die in den siebziger Jahren Kultstatus errang. 1976 das Verbot wegen »Beleidigung der Arbeiterklasse«.

Die Renfts waren die schmutzige Band, die im sauberen Staat herumräuberte und herumsoff, eine verachtungsfrohe Truppe, die mit Wonne und Wucht in der spießigen Sittsamkeit wilderte. Klaus Jentzsch hatte sich Renft genannt, nach seiner Großmutter, und als Ranft oder Renfter bezeichnet man im Thüringischen, seiner Heimat, die bissfesten Brotkanten. Er galt als gemütsfester Eulenspiegel, als störrischer Held einer intelligenten Einfalt – zum NVA-Appell kam der Wehrdienstpflichtige in Hauslatschen. Ein Erfinder der Spaßgesellschaft, nur leider mitten im Sozialismus.

Renft hatte für seine Stasi-Akte den Decknamen »Wanderer« bekommen. Darin ist er ein »Sperrobjekt«, also kein Mensch mehr. 1981 reist er aus. Sein Anwalt weint beim Abschied – dann schreibt er zum letzten Mal auf, was gesprochen wurde. IM. Renft: »Seitdem weiß ich, dass Anwälte ein besonderes Talent haben.« In unfreiwilliger Vorahnung trafen die Verwalter der Schnüffelei ein perspektivisches Urteil. Der Vermerk auf dem Deckblatt der Akte lautete: »Geschichtlich wertvoll.«

HANS MAYER UND DIE MASKEN
August 1990

War, was mit der Einheit geschah, schon wieder ein »Augenblick der Grablegung« (Karl Marx)? Ein Umschlagen der Freiheit in neue Restauration?

Er fragte sich und uns, was bleibe, wenn die bürgerliche Gesellschaft wohl bald erledigt, der Kapitalismus jedoch standhaft sei: kein erbauliches Wachstum also aus den »Ruinen des letzten Jahrhunderts«. So sein Verdacht aus Erfahrung.

Ohne Kommunisten hätte der Literaturwissenschaftler nach dem Krieg keine Professur in Leipzig bekommen, denn noch lange intervenierten Universitäts-Bürgerliche gegen den Aufbruch von links. Aber 1963 siegte dann doch sein Wille, »von der »marxistischen Diktatur« loszukommen.

Er war sehr talentiert in Eitelkeit und Jähzorn. Privat einsam. Geriet in eine psychische Krise, als 1991 im Westen sein differenzierendes Buch »Der Turm von Babel – Erinnerungen an eine Deutsche Demokratische Republik« böse kalt verrissen wurde, von einer Öffentlichkeit, die weniger vernünftig als politisch schnüffelnd fragte. Gegen Ende ein abgründiger Pessimist.

Ein Unterschied zum Kollegenfreund Bloch? Der Kölner (!) Mayer kommt zur Faschingszeit in eine Vorlesung, in der die Studenten mit Pappnasen sitzen. Nimmt empört und fassungslos die Aktentasche, geht bleich und wortlos. Bloch aber guckt in den Saal, lässt sich nicht provozieren: »Aber meine Damen und Herren, so sehe ich Sie doch immer.«

Volker Braun erzählte von der Beerdigung Mayers 2001 auf dem Dorotheenstädtischen Friedhof in Berlin. Eine alte Frau, »ein schlumpiges Weib«, habe ihn draußen auf der Straße gefragt: »Wat für 'ne Arroganz is' denn nu wieder jestorben? Diepgen etwa?« – »Nein«, entgegnet der Dichter Braun, »ein Herr.«

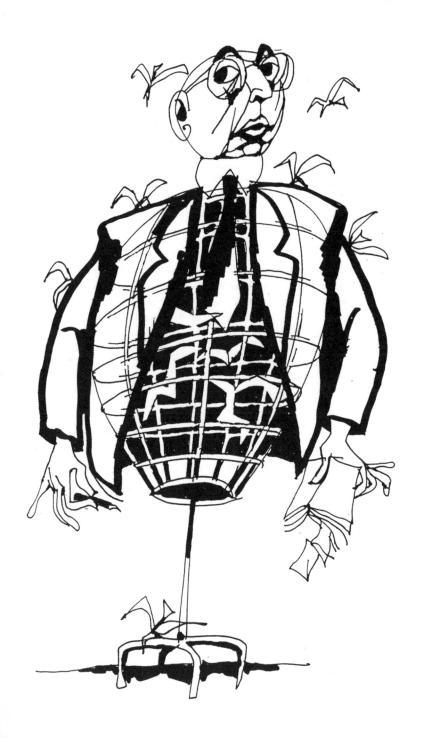

EGON BAHR UND DIE FILZLATSCHEN
November 1990

Ich bin nur ein heißer Tropfen auf den heißen Stein gewesen.

Tropfen. So nennt er das, was er erfand: jenen »Wandel durch Annäherung«, der die Mauer schon öffnete, bevor sie fiel. Er ist Pfeifenraucher. Daran, so Voltaire, erkenne man zufriedene Dichter und selbstzufriedene Politiker. Bahr rauchte listig die Friedens-Pfeife: Als Architekt von europäischen Sicherheitssystemen, als eigenwilliger Scout für Brandts Ostpolitik hat er die Geduld als Tugend behauptet und, fürs politische Ziel, den kurvenreichen diplomatischen Umweg zu einer Meisterstrecke erhoben.

Freilich: Manchem in der DDR erschien dies als unbotmäßige Anbiederung. Wer unglücklich in dieser Republik zu leben hatte (und was weiß ein Fremder davon, wie eine jede Seele ihr Unglück definiert!), der konnte kaum Muße für den langen Bahr-schen Atem aufbringen, nein, der bestand auf ungerechter Ableh-nung dieses »Angriffs auf Filzlatschen« (»Neues Deutschland«), der beharrte ungeduldig auf hartem und deutlichem westlichen Druck. Die DDR zum Gespräch bitten? Nein, sie in die Knie zwin-gen!

Nach dem Ende dieses Staates tat Bahr in hartnäckiger Streitlust etwas höchst Anständiges, das in den östlichen Euphorien für alles Westdeutsche und in den westlichen Verdammnissen gegen alles Ostdeutsche viel Mut forderte: Er differenzierte. In sein Anmahnen von politischer Mählichkeit beim Schaffen einer freien, selbstbestimmten europäischen Mitte durften sich DDR-Hörige und -Verblendete und -Überzeugte eingeschlossen fühlen, Men-schen, die dieser politischen Mitte zwar immer entgegengearbei-tet hatten, aber die eine offizielle bundesdeutsche Geschichts-schreibung nun zu Rostdeutschen erklärte.

Tropfen auf den heißen Stein? Steter Tropfen höhlt ihn – jenen Stein, der erschlägt.

MARION GRÄFIN VON DÖNHOFF UND DIE HEIMAT
Januar 1991

Jeder Landsmannschaft sage ich, und ich sage es patriotisch gesinnt: Es wird nur Frieden im größer werdenden Europa geben, wenn man die Heimat verloren gibt.

Welch ein großer Satz. Er offenbart die elitär stolze, fast militärisch selbstzügelnde Einsicht einer Frau, die natürlich zugleich von einer »ewigen Wunde« spricht, wenn sie ans ferne, ihr so sehr nahbleibende Ostpreußen denkt.

Ihr Gesicht erinnert an Camus: Der Mensch ist auf der Welt, um glücklich zu sein. Wobei dieses in Herbheit doch kindlich gebliebene Gesicht unbedingt darauf besteht, vom Glücklichsein so zu erzählen, dass mühevolle Erfahrung sichtbar bleibt. Ihr preußisches Blut und eine strenge, jammerresistente Erziehung im ostpreußischen Adelshaus mochten dafür gesorgt haben, dass sie Freiheit nie jenseits einer bürgerschaftsformenden Selbstdisziplin gedacht und gelebt hat. Die Mit-Herausgeberin der Hamburger »Zeit«, die im Februar 1946 in die neu gegründete Redaktion kam, wurde eine moralische Instanz aus zutiefst aufklärerischem Instinkt heraus. Von daher diese Kassandra-Zähigkeit, wenn es den »Taumel der Macht« offenzulegen galt. Und den »Taumel des Materiellen«.

Sie sei, so sagt sie, nie darauf gekommen, über Selbstverwirklichung nachzudenken. »Es gab immer Aufgaben, und die musste man machen.« So wurde sie jene Legende, die den Traum jeder Redaktion, jeder Gemeinschaft ausmacht: ein wirklicher Kopf, der das letzte Wort hat, weil er immer einen Gedanken mehr aufzuweisen hat als alle anderen.

DIE ZEIT

THEO WAIGEL UND DIE GESUNDSCHRUMPFUNG
Februar 1991

Das Gebot der wirtschaftlichen Gesundschrumpfung geht an keinem Bürger vorbei, auch nicht an den Menschen in den neuen Bundesländern, die vorwiegend mit großen Erwartungen in die Freiheit gekommen sind.

Wo es um das Wohl der Republik ging, also um das Geld, legte der CSU-Chef und Finanzminister gern und kräftig Hand an. Zuletzt und sehr ausgiebig und besonders kräftig an den Hals der DDR. Seine Devise von der Gesundschrumpfung wurde zur Schule der Ostdeutschen: Na dann, heißt es bis heute, schrumpf auch du dich gesund! Lass kein heiles Haar an dir, wenn die Vergangenheitsbewältiger an deine Biographie klopfen. Trau deinen Augen nicht mehr, damit dir verborgen bleiben darf, was des Kaisers neue Kleider dir weismachen wollen. Dein Ohr leih der Obrigkeit, damit dir neben dem Sehen auch das Hören vergehen kann. Die Nase lass laufen, damit dich im neuen Staate nichts mehr anstinkt. Steck den Kopf in den Sand, es ist genug Wüste da in den blühenden Landschaften, wo nur der Flachs blüht. Deine Haut trag rasch zu Markte, auf dem dir erfolgreich die Felle wegschwimmen werden. Für die Regierung leg deine Hand ins Feuer, mit dem sie gern spielt. Für die Demokratie reiß dir am besten ein Bein aus, so geht alles seinen Gang. Verlier ruhig die Nerven oder lass sie dir blank legen von der Freiheit, du hast schließlich nichts mehr zu verbergen. Also, gib deinem Herzen einen Stoß und schrumpf dich, so umfassend wie verlässlich – bis führende Politiker dich rühmen können: dass du endlich ein ganzer Kerl bist.

ROSENMONTAG UND REVOLUTION
Februar 1991

Die Menschen im Osten, so Volksmusik-Moderator Karl Moik, sollten sich freuen, dass sie nicht mehr mit Zorn auf die Straßen gehen müssen, denn nun gehört der Montag wieder einzig und allein dem Rosenmontag. Landsleute, denkt daran, dass ihr auch für diese Montagsfreiheit demonstriert habt. DEUTSCHE PRESSE-AGENTUR

Der Rosenmontag ist der Tag der deutschen Mehrheit, und deren Geist wird vom großen Irrtum bestimmt: Fast ebenso viele, die sich hierzulande Demokraten nennen, halten sich just im Fasching für humorvoll. Das ist alles andere als witzig, denn freudetrunken reicht uns nicht, besoffen ist besser.

Dass an so einem Tag mit Inbrunst Maske getragen wird, hat ebenfalls mit einer nationalen Eigenart zu tun: Wir finden uns dann besonders lustig, wenn wir nicht mehr wir selber sind und also das Gesicht verloren haben. Bezeichnenderweise bilden wir uns just in solch trauriger Lage ein, wir seien saukomisch.

Erinnert der 9. November auf furchtbare Weise an ein Reich, das tausend Jahre dauern wollte, so lässt uns der 11. November, der Beginn der fünften Jahreszeit, daran denken, dass fast zweitausend Jahre deutschen Humors nicht weniger weltvernichtend waren. Womöglich stirbt der Regenwald, aber das schunkelnde deutsche Gemüt überlebt.

Just am Rosenmontag die Montagsdemonstrationen der DDR ins Gedächtnis rufen? Blökende Umzüge hätten diese schweigenden Protestmärsche abgelöst? Die sehr ernsten Züge in jenem letzten Herbst der DDR waren weit heiterer als jeder Karnevalismus. Denn wer beim deutschen Fasching traditionsbewusst mitlacht, der ist nicht fröhlich frei, sondern nur gehorsam.

HERR MÜHLFENZL UND JÖRG HILDEBRANDT
März 1991

Die fielen in die Nalepastraße ein wie Stoßtrupps in ein feindliches Gelände.

»Ohne dich wäre der Weg ins neue Radio härter, kälter gewesen.« Bescheinigt der letzte Rundfunkintendant Christoph Singlnstein seinem Stellvertreter Hildebrandt. Der erfuhr Kälte hautnah – da Kohls Rundfunkbeauftragter Rudolf Mühlfenzl und dessen Leute die Studios in der Berliner Nalepastraße besetzten. Eine Hydra, die nie allein, sondern nur immer mit mehreren CSU-Köpfen gleichzeitig auftrat. Das Haus hieß nun, zu Treuhand-Zeiten, »Einrichtung nach Art. 36 des Einigungsvertrages«. Erst nach vier Monaten stellte Mühlfenzl sich den Ost-Mitarbeitern in einer Betriebsversammlung vor. Eine seiner ersten Entscheidungen: Verbot für Rundfunk-Mitarbeiter, öffentlich über seine harsche Abwicklungspraxis zu reden. Dienstanweisung 01. Hildebrandt trug noch nie einen Maulkorb, das gehörte nicht zur Kleiderordnung der Familie, also redete er – und wurde prompt entlassen.

Jörg Hildebrandt: Geboren in Polen, kurz aufgewachsen in der Sowjetunion, gelandet in der Sowjetzone. So fasst der Königsberger selbstironisch den ersten großen Teil seines Lebens zusammen. Alles begann mit Flucht vor den Russen – um dort anzukommen, wo nichts schwieriger sein würde, als wieder zu fliehen. Bausoldat in der DDR, auch dort Verweigerer von jedweder militärischer Beihilfe, Gefängnis, Straflager in den Friedländer Wiesen, doppelter Leistenbruch bei der Arbeit im schlammigen Lehm. Nach dem Zusammenbruch der DDR wird ihm geraten, einen Antrag als Opfer des stalinistischen Systems zu stellen. Es geht auch um eine finanzielle Wiedergutmachung. Hildebrandts Antwort: »Ich lasse mir im Nachhinein nicht mein Gewissen bezahlen.«

HELMUT KOHL UND DER EI-SPRUNG
Mai 1991

Da ich nicht die Absicht habe, wenn jemand vor mir steht und mich bewirft, davonzulaufen, bin ich eben auf die zu, und da war ein Gitter dazwischen gestanden, und das war von Nutzen.

In Halle, kurz vor einem Termin im Rathaus, konnte das Experiment endlich mit klarem Beweis durchgeführt werden: Ein Ei-Wurf ist die kürzeste Verbindung zwischen Kanzler und Volk. Aus diesem grandios Aussitzenden Kohl, der sich nie in seine eigenen Angelegenheiten mischte, wurde plötzlich – mit gewaltig schnellem Sprung hin zum Attentäter – ein unvergesslich Ausrastender. Lebendiger würde Herrschaft nie wieder sein. Und so wunderbar hilflos plötzlich das glatzige Gewerbe der stumpfgesichtigen Bodyguards!

Einige Jahre später müssen wir zusehen, wie den Ex-Sponti Joschka Fischer beim Grünen-Parteitag ein Farbbeutel trifft und der Außenminister fast weint. Welch ein Unterschied zu Kohl! Auch zu dessen Nachfolger Schröder! Mimosität und Übermacht fanden bei dem nie zusammen, während Kohl aus dem Verbund beider Unvereinbarkeiten eine geradezu surreale Fusion machte. Er überragte noch im Stolpern alle, Schröder wird noch im Egoismus seiner straffen Körperlichkeit sehr unpersönlich wirken. Nachdem der Niedersachse Kanzler geworden war, durfte man den Pfälzer für einen Menschen halten.

Man nennt ihn den Kanzler der Einheit. Den einen schlug's auf den Magen – aber vielen anderen, nicht nur ihm, ging's als Liebe zur ungeteilten Nation behaglich durch den Pfälzer Saumagen. Beim Skandal um schwarze CDU-Kassen nutzte er, verfassungstreu, eine Naturgegebenheit des demokratischen Netzwerkes: Die Lücken des Gesetzes sind klein, nur große Fische kommen da durch.

Unser aller Last ist misslungene Geschichte, unser aller Gegenwart
ist misslingende Politik. Es droht ein Grad der Verzweiflung in
Deutschland, den zu verhindern wir jede Idee vorurteilsfrei über-
prüfen sollten.

Dieser Dichter hatte einen apodiktischen Ton. Seine Unnahbarkeit
suchte genau jene Wahrheit in den Hintergrund zu rücken, an
welcher er einverständig litt: frei sein zu wollen, aber wegen
eines Klassenstandpunktes soldatisch bleiben zu müssen. Dieser
Kommunist bekämpfte den Schmutz in der Welt und musste erleben, wie jeder Kampf ums Schöne doch Gift freisetzt, gegen das
er sich nicht wehren wollte: Zwang, parteilich zu reden, Zwang,
parteilich zu schweigen; Druck der Disziplin, Einsicht in die Disziplin. Er stand zu den Beschädigungen, die der Schritt an eine
politische Front mit sich brachte, und die Beschädigung geschah
aus dem einzigen Grund, diesen Schritt für unumkehrbar zu erklären. Es war der Weg vom Ich zum Wir, und auf diesem Weg die
Erkenntnis: Die Wahrheit wird in einem Menschen geboren, dann
stirbt sie in allen, die eine Partei bilden. Botho Strauß schrieb, es
gehöre zur Stärke eines Dichters, all seinen Überzeugungsballast
»in einen politischen Irrtum zu entladen – vorausgesetzt: er sieht
ihn niemals ein«.

Dieser Poet schien, trotz allem, der Unangreifbare zu sein. Und er
gab eine Antwort just auf diese falsche Vermutung. Denn nur eine
einzige Zeile seines ohnehin eher schmalen Werkes erachtete er
für gültig: »Was ich ganz scheine, dessen bin ich bar.«

WOLF KAISER UND DAS ENDE AM ANFANG
Oktober 1992

Mein Hass wächst. Es ist der Hass auf Unbelehrbarkeiten. Die Menschen sind frei und gehen doch blind zurück ins Überwundene.

Selbstmord? Mit diesem Wort retten wir uns davor, Charakter anzuerkennen. Der Schauspieler Wolf Kaiser sprang aus dem Fenster seiner Wohnung in der Berliner Friedrichstraße. Doch mordete er sich nicht. Er nahm sich das Leben – er nahm es her zu sich, in einer neuen deutschen Welt, in der ihn das Gefühl überwältigt hatte, man wolle ihm den Wert dieses Lebens streitig machen. Er wollte es aber nicht angetastet wissen, dieses Künstler-Dasein, unverwundet bislang von den Beißübungen des freien Marktes; diese heitere, freiwillig der Vernunft verfallene Kunstausübung, die er am Theater Brechts verinnerlicht hatte; Arbeit in unmittelbarer Nähe zu einem liebenden, geliebten Publikum. Spielend war er der kühle Gauner, in dem ein pfiffiger Würden-Träger steckte; und den Arbeiter-Meister Falk gab er im Fernsehen mit einer Gravität, die aus dem vierten Stand einen ersten machte. In Strittmatters »Katzgraben« war ausgerechnet er, der Gravitätische, der standpunktschwache Kleinbürger Mammler. Brechts Begründung: »Es ist besser, wenn ein Turm schwankt, als wenn ein Grashalm schwankt.«

Der Neu-Bundesbürger Kaiser – er hatte am Ende leider noch zu viel Kraft, um das Fehlen von Rollen zu verkraften – wollte nicht erleben müssen, wie mit der DDR nun auch er im Schmutz der Wertungen landen würde. Er hat dem, was viele nach 1989 einen gesellschaftlichen Qualitätssprung nannten, etwas entgegengesetzt: die traurige, aber doch auch höchst souveräne Qualität seines letzten einsamen Sprungs auf das Pflaster. Er wollte unverfügbar bleiben.

Theater setzt sich aus vielen Künsten zusammen. Das menschenunfreundliche Reale durchschaut zu haben und trotzdem am Leben zu bleiben – so spät auch noch diese schwierige, zweifelhafte Kunst zu lernen, das hat der vielseitige Künstler abgelehnt.

BOTHO STRAUSS UND DAS REAKTIONÄRE
Februar 1993

Zwischen den Kräften des Hergebrachten und denen des ständigen Fortbringens, Abservierens und Auslöschens wird es Krieg geben.

Die Zumutung hieß »Anschwellender Bocksgesang«, ein Essay. Linkskorrekte nannten den Dichter einen Reaktionär. Gegen die nicht nachlassende Euphorie, utopisch zu denken, verteidigte er eine »Tiefenerinnerung«, die »immer und existenziell eine Fantasie des Verlustes und nicht der (irdischen) Verheißung« sei. Alte Dinge seien nicht tot, der Mensch nicht nur von heute. Kein politisches Programm gelte, sondern das Programm der Dichter von Homer bis Hölderlin. Das Offene ist dieser alte Dichter-Geist, der bleibt, nicht jene parteiengesteuerte Zukunft, die nie kommt. Daher lieber behutsam altgierig, als zu forsch neugierig.

Links, rechts? Ein aufgerichtetes Bewusstsein ist für ihn nur das verletzbare, schwankende Bewusstsein. Zwischen allen Fronten der Vereinfachung. Denn im Herzen sei keiner wahrhaft Demokrat, niemand also könne wirklich mit nur einer einzigen Stimme sprechen und »in seinem Innern dem ständigen Wechsel der Regime widerstehen«.

Strauß warnt vor den Hirnverklebungen durch das ach so systematische Denken der Aufklärung. Er ist Dichter gegen eine Zeit, in der alle nach Dazugehörigkeit hecheln, und die Verwahrlosung nicht von den Rändern, sondern aus den Zentren kommt, wo das Selbstbewusstsein sich geschwätzig und gestylt prostituiert. Er ist Dichter gegen jene »Verwöhnten und in Friedenswatte Gepackten«, die mit ihren »Wachstumsraten für eine nachhaltigere Vernichtung« sorgen, »als irgendein Verbrecher sie jemals ins Werk setzen könnte«.

Von der Gestalt der künftigen Tragödie, so Strauß, wissen wir nichts. Aber, so ist er überzeugt, »in der Tiefe unseres Handelns schwellen schon die Opfergesänge«. Wir werden uns noch die Augen reiben. Mit beiden Fäusten.

HEINER GEISSLER UND DIE RETTUNG KOHLS
April 1993

Es waren die Ostdeutschen, die Kohl politisch gerettet haben. Die Einheit brachte ihm eine Kanzlerschaft zurück, die ihm im Westen garantiert verloren gegangen wäre.

Der das sagte, war zwölf Jahre Kohls Generalsekretär, hat die CDU nach der Brandt-Ära aus der Depression geholt. Mehr und mehr geriet er in Konflikt, durch eine Geistesart, die Robert Musil den »Möglichkeitssinn« nannte. Der hat es in der Politik schwer gegen den Wirklichkeitssinn, der aus reinem Machtpragmatismus besteht. »Ich halte es für eine Berufung, Abgeordneter zu sein. Es ist Arbeit am Ideal: der Loyalität von oben nach unten.« Längst eine Verlustanzeige.

Am fraßgierigen Kapitalismus kritisiert er die Fraßgier, nicht den Kapitalismus, der ihm nicht nur Wirtschaftsform, sondern Demokratieboden ist – wenn er denn nicht zum unbarmherzigen Dogma gemacht wird wie der Kommunismus. »Beides falsch.«

Einst, in der Schulzeit, verlangte ein HJ-Führer, unter den dreihundert Jungen sollten die Katholiken, die man so gar nicht mochte, gefälligst mal aufstehen. Niemand gestand in diesem Moment seine Konfession. Heiner wunderte sich, er solle der einzige sein? Er stand auf. Peinigend. Aber er kam vom Lande, war besser genährt als der städtische Hitler-Jungbonze. Schlug den später einfach zusammen. Das passt fürs gesamte Leben. Diese Unfähigkeit, klein beizugeben.

Er steht für die Tatfreude eines Denkens, das sich nicht im Parteisoldatischen erschöpfen muss, weil ihm sonst nichts bliebe. Ein Bergsteiger. Zäh, ledern. In ihm lebt ein Kerl, das sieht man – der lässt seine Gesichtsfalten erzählen, wo andere nur Papier zusammenfalten.

WOLFGANG ULLMANN IN GUTER VERFASSUNG
Mai 1993

Ich halte einen Umgang mit dem Grundgesetz für demokratie-
feindlich, der die verfassunggebende Gewalt durch Bürger eiskalt
verhindert.

Kindlich beglückt hatte er noch in letzter DDR-Sekunde einen Text
von Christa Wolf vorgelesen – die Präambel jenes neuen Ver-
fassungsentwurfs, der aber keine Zukunft haben sollte: »... überzeugt, dass die Möglichkeit zu selbstbestimmtem verantwortlichem
Handeln höchste Freiheit ist, entschlossen, ein demokratisches
und solidarisches Gemeinwesen zu entwickeln ..., geben sich die
Bürger und Bürgerinnen der Deutschen Demokratischen Republik
diese Verfassung.« Und diese Bürger? Die gaben sich damit nicht
mehr ab. Die gaben sich selber den Laufpass und gingen hinüber.

Neuer Verfassungsversuch Ullmanns dann im Westen: Volksinitia-
tive, Volksbegehren, Volksentscheid! Ach, ohne jede Chance – das
westdeutsche Parlament gähnte. Oder es hatte Angst: Das Grundgesetz ernst nehmen und es noch radikaler in Volkes Dienst stellen? Bloß nicht noch eine weitere friedliche Revolution! Deshalb
verließ der evangelische Theologe die Verfassungskommission des
Bundestages.

Wo immer er das Wort ergriff, offenbarte der sächsische Pfarrer
sein Talent zu Versöhnung und Bescheidenheit – aber auch seine
Empörungskraft, die sich bleibend ruhelos wider DDR-Verklärer
warf. Ohne je jemanden zu verletzen. Einmal nur wurde er
wütend, geradezu außer sich, die neue, letzte Volkskammer der
DDR mit schnellem Schritt verlassend. Nach einem rechten Ausfall
gegen die Demokratie. So erschütternd still – gegen jene, die nur
immer ihre schweigsame Ruhe im gut eingerichteten Status quo
haben wollen – wurde es wohl nie wieder im Lande.

WIE SCHLAFEN LINKE? NICHT SO WIE RECHTE
August 1993

Münchner und Berliner Schlafforscher haben an einem Studienauf-
trag der Santa Clara University in Kalifornien teilgenommen, und
diese Untersuchung stellt fest: Republikaner der USA leiden dreimal
öfter unter Schlafstörungen als Demokraten. STERN

Der Parlamentsschlaf lief dem Büroschlaf den Rang ab: Er dauert
länger, ist besser bezahlt und wird mitunter im Fernsehen übertragen. Dann nennt man ihn Debatte. Die Ergebnisse der US-Stu-
die – Wissenschaft an der Endstation Gähnsucht – lassen sich,
daher die deutsche Beteiligung, offenbar hochrechnen auf einen
Befund, der auch für Erfahrungen hierzulande gilt: Konservative
schlafen schlechter als Linke. Logisch. Den Konservativen gelingt
mit ihrer Politik keine sozial gerechte Gesellschaft; was daraus
folgt, sind zwackende Nächte. Linke hingegen, Sozialisten gar,
schlafen nachts ausgezeichnet, weil sie hundemüde sind von ihrer
kräfteraubenden Arbeit: den ganzen Tag lang an den Schlaf der
Welt zu rühren. Die einen wälzen sich schweißgebadet in den Kis-
sen, weil sie der Gegenwart nicht Herr werden; die anderen
schnarchen tief, weil sie ihrer Zeit immer ein paar utopische Sie-
benmeilenschritte voraus sind.

Zwei Arten, Geschichte zu machen: Rechts würgt das Unterbe-
wusstsein, bis zum Morgen-Grauen; links ruht das Bewusstsein
fest in sich, da es eh nur Morgenröte sieht.

Und was bleibt den vielen, mit denen Geschichte gemacht wird?
Immer das Gleiche: irgendwann das böse Erwachen.

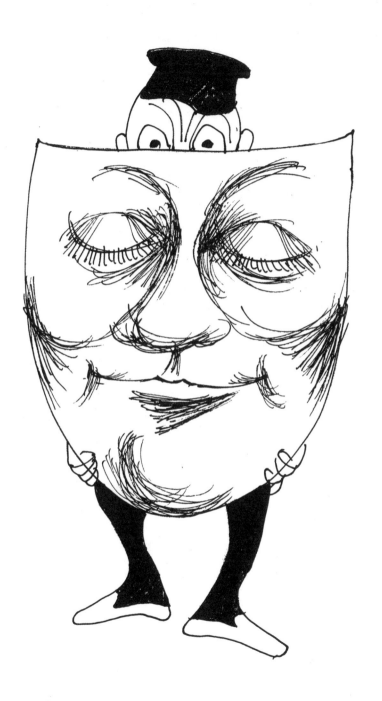

JÜRGEN HOLTZ UND MOTZKI
September 1993

*Der Hauptmangel an dieser ewigen Kritik am larmoyanten Ossi
besteht für mich darin, dass diese Kritik viel zu erträglich und
milde ist.*

Ein bärbeißiger Hausschuh-Philosoph, eingekreist von türkischen
Obsthändlern: Motzki. In Wolfgang Menges gleichnamiger Fern-
sehserie wurde Holtz, in Anlehnung an Heinz Schuberts legendä-
res Ekel Alfred, zum Prototyp des übellaunigen Ostmenschen-
Beschimpfers. In dem, was Motzki aussprach, kam nicht die
Wahrheit über Deutschland zum Vorschein, aber doch die Wirklichkeit der Deutschen. Holtz schlurfte sich eine Choreografie der
Giftspuren zusammen, die dieser Motzki genüsslich in allen Seelen hinterließ: Wenn die Ossis zu Recht unzufrieden über die
deutsche Einheit seien, solle man das Recht sofort aufheben! Der
Blick in sein Gesicht: Gedanken können wie Tumore wachsen.

Mit dieser Satire auf pusseligen Kleingarten-Sozialismus, plaka-
tive Multikulti-Folklore und die Miefigkeit kleinbürgerlicher Kiez-
milieus rief der Schauspieler Heerscharen von Beleidigten und
Erniedrigten und Ehrgekränkten und Witzlosen auf den Plan.
Seine Publikumsbeschimpfungen wurden – ein einmaliger Vorgang
– zum Anlass großer Gemütswallungen in zahlreichen Leitartikeln
ostdeutscher Zeitungen. Das Volk stürzte sich aufgebracht in alle
Leserbriefspalten. Im Fernsehen die deutsche Gabe, übel auszu-
teilen, und vor dem Fernseher das deutsche Talent, übel zu nehmen – eine entsetzlich lustige, eine entsetzlich lächerliche
Begegnung.

Im Ostdeutschen sah Motzki den unbotmäßig Gierigen, der in der
DDR Jahrzehnte lang fügsam lebte wie ein Ertrinkender, der schon
froh war, nach Strohhalmen greifen zu können – und der jetzt
auch noch frech die Coca-Cola dazu verlangte.

FRIEDRICH SCHORLEMMER UND DIE FREIHEIT
Dezember 1993

Die Massen des einstigen Herbstes lassen sich nicht mehr mobilisie-
ren. Die DDR wird mehr und mehr zur Fußnote der Geschichte,
ihre Altlasten aber bleiben Volkseigentum. Der äußere und innere
Selbstreinigungsprozess wird noch lange dauern.

Man sieht ihm an, dass er mit Lust eine öffentliche Person ist. Er
hat eine Freiheit im Blick, die eine Freiheit *für* etwas sein möge,
keine Freiheit *von* etwas. Er ist so frei, sich nicht frei machen zu
wollen von demjenigen, den er anspricht. Eine An-Sprache halten:
Zwie-Sprache halten. Er erzählt uns, wo Gott wohnt. Damit führt
er uns in die unwirtlichste wie geheimnisvollste Gegend der Welt,
an jenen fernsten Ort, dem wir doch immer nah sind, an jenen
nahesten Ort, der uns doch stets fremd bleibt: Er führt uns zu uns
selbst.

Der Prediger arbeitet an einer einzigen Frage, und das Suchen
nach Antwort hat ihn, nach dem Ende der DDR, auch im neuen
Deutschland außenseiterische Erfahrungen machen lassen. Diese
einzige Frage lautet: Sind Gesellschaften jemals in der Lage, Freiheit und Solidarität zu versöhnen?

Er war couragiert im Sozialismus, der oft nur ein Plakat war, couragiert wie viele der so sehr Wenigen. Er hat den Staat gehasst
und verachtet, aber stärker noch verachtete er nach dem Ende
von Honeckers Strohhütchen-Sozialismus einen Hass, der nicht
aufhören soll. Einstige Freunde aus der Bürgerbewegung nennen
das: Verrat. Schorlemmer trägt es, er vereinsamt mit einer Heiterkeit, die Trauerränder hat. Seine Gesprächsweise offenbart, was
für jede Zeit gilt: dass Denken zwar Mut aufbringen kann, aber,
will es menschlich bleiben, vor allen Anmut durchhalten muss.

PETER STRUCK UND DIE RATTENFÄNGER
Juli 1994

Es soll beileibe nicht die Menschen beleidigen, die diese Partei
wählen, aus welchen Gründen auch immer, aber: Die Nachfolger der
SED sind und bleiben eine Partei der Rattenfänger.

Herr Struck, vom Naturell eher den grauen Mäusen zuzurechnen,
bezeichnet die Linken als »Rattenfänger«. Er weiß gar nicht, wie
Recht er hat. Naturkundliche Forschungen vermuten, die Ratten-
fänger-Sage sei Umschreibung dafür, dass im 13. Jahrhundert eine
ganze Generation wegen Perspektivlosigkeit ihre Heimat verließ.
Der Rattenfänger steht also sinnbildlich für Werber, die damals
erfolgreich Reklame für den Aufbau einer Existenz anderswo
machten. Genau dies betreiben die demokratischen Sozialisten:
Werbung für Alternativen jenseits der sozialen Verwerfungen.
»Freiheit und soziale Gerechtigkeit«, sagen sie, als Paar. Ist zwar
auch nur eine Sage, aber als Märchen haben Parteiparolen
bekanntlich nicht die schlechteste Zukunft. Im Übrigen möchte
man, wenn Politiker Tiere gleichsam in den Mund nehmen –
selbst, wo es sich um Ratten handelt –, unverzüglich den Tier-
schutz alarmieren. Um just diese Nager zu denunzieren, greift
man besonders gern zur Feststellung, sie verließen das sinkende
Schiff. Sollen sie denn so blöd sein, draufzubleiben und zuzuse-
hen, wie der Kahn mit ihnen untergeht? Nein, dazu sind sie zu
klug, sie sind schließlich keine führenden Sozialdemokratten.

WIR APPARATSCHIKS DER FREIHEIT
Oktober 1994

Was ist mit der deutschen Familie los? In immer mehr Wohnungen stehen mehrere Fernseher. BERLINER KURIER

Ein Gesellschafts-Spiegel: Alle sehen und tun das ewig Gleiche, dies aber in entschiedener Einsamkeit, die wir Freiheit nennen. Per Fernsehen trainieren wir die Fluchtgeschwindigkeit, um uns immer schneller von uns selber zu entfernen. Lebens Lauf ist nur noch das, was im Fernsehen läuft. Schon jedes Kind fängt an Bildschirmen mit einem Wissen an, als wär's von einem Meister übernommen. Jede Errungenschaft ist zappend abrufbar – aber was ist mit der Zeit, die gelebt werden müsste, um etwas zu erringen? Alles kann gesehen werden, nichts mehr wird erschaut. Geschehen fällt sich ständig selbst ins Bild. Die Satellitenschüssel an allen Hauswänden signalisiert als aggressives Ende, was doch einst nach einem gutem Anfang ganz aus hoffnungsvoller Wachheit klang: Menschen fahren ihre Antennen aus. Sich der Verblödung durch Fernsehen zu entziehen – es gelingt nur durch ein Verhalten, das ansonsten dort, wo Grässliches geschieht, unverzeihlich wäre: Man muss konsequent abschalten.

Aber stattdessen stellen wir immer mehr Geräte auf, übergeben uns der TV-Apparate-Medizin: künstliches Fitnesstraining für die sehr reale Unbeweglichkeit. Der Fernseher wächst uns in den Kreislauf, uns Apparatschiks einer Freiheit, die uns fesselt, obwohl sie alles andere ist als fesselnd. Wir mögen die Programme elend finden, indes: Wir haben Angst, uns abzuschalten, dies wäre das furchtbare Ende, wäre der Tod, denn es brächte uns zurück ins Leben.

ALFRED HRDLICKA UND DER BIERMANN-SATZ
November 1994

In einem Interview sagt Biermann, er möchte nicht, dass ein Mann wie Gysi Gesetze beschließt, unter denen er leben muss. Du willst mit keinen Gesetzen leben, die Gysi beschließt?! Dann wünsche ich dir die Nürnberger Rassengesetze an den Hals, du angepasster Trottel!

Er ist der letzte große Steinbildhauer des zwanzigsten Jahrhunderts. Die Wahrheit: Sie ist ihm nach wie vor ein grobes, einfaches Ding aus Oben und Unten. Dieser Wiener nennt den Untergang des Ostblocks einen Jammer, er nimmt in knallroter Sehnsucht kein Blatt vor den Mund, das benötigt er zum Zeichnen.

Man hört ihn und fühlt: Es ist nach wie vor etwas Beneidenswertes, ungebrochen durch die Zeiten zu gehen. Ein Kerl muss eine Meinung haben, er hat sie, also teilt er aus: täglicher Faschismus!, Kirchengesindel!, verbrecherisches Amerika!, westlicher Totalitarismus!, und eben auch, in einem Offenen Brief an »Neues Deutschland«: Trottel Biermann! Wo viele ehemalige Genossen in die Schule des Differenzierens gehen und im neuen Wohnort Westen lernfähig leise auftreten, da poltert er ungerührt, lässt sich in den Medien furchtlos einen Stalinisten nennen, nimmt dies peitschende Urteil sogar noch in eigene Pflege, heftet es sich wie eine Auszeichnung an. Er fällt sich nicht fortwährend in die eigene Überzeugung, er hat zu viel Appetit auf den klaren Blick in trübster Welt, als dass er bereit wäre, wie Buridans Esel zwischen allen Ansichten zu verhungern.

PS: Für die Veröffentlichung von Hrdlickas Brief gegen Biermann erhält »Neues Deutschland« eine Missbilligung des Deutschen Presserates. Hrdlicka schickt dem ND eine Glückwunschkarte.

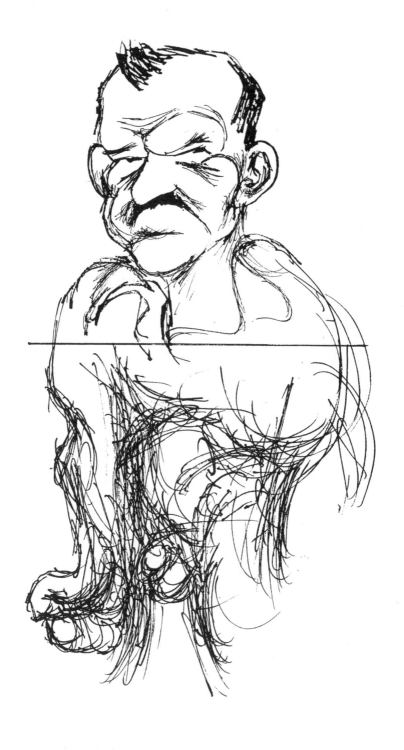

STEFAN HEYM UND DER BETON
November 1994

*Unterschätzen Sie doch bitte nicht ein Menschenleben, in dem trotz
aller Beschränkungen das Geld nicht das Allesentscheidende war.*

Er ging gebeugt. Man sah es und sah es nicht als Gebrechlichkeit.
Man sah es als Logik der Wegstrecke. Er war ein ewiger Wanderer,
gewarnt im Umgang mit dem, was andere Heimat nennen. Chem-
nitzer Emigrant, der in US-Uniform ins kriegszerstörte Deutschland zurückkehrte. Er warf US-Präsident Truman wegen Kommunis-
tenverfolgungen die Orden vor die Füße; und er stieß die
ostdeutschen Kommunisten vor den Kopf, in der Hoffnung, der
Beton platze von ihren Masken. Der Beton war stärker, so zeigte
der Sozialismus seine Schwäche, die ihm ins Gesicht gewachsen
war.

Als Heym 1994 seine Antrittsrede als Alterspräsident des Bundestages hielt, da sah man ihn wieder, den Beton. Der hockte grau
und starr in den Gesichtern bundesdeutscher Politiker; er hatte
ihnen auch die Hände so fest gebunden, dass nicht mal die
Anständigkeit Kraft genug für einen Applaus hatte. Die Prediger
jener Freiheit, die eine tödliche Mauer durchbrochen hatte – nun,
da der alte jüdische Charakter sprach, PDS-Abgeordneter, da
saßen sie selber da wie Eingemauerte. Heym hatte die Gabe, herrschende Politik dazu zu bringen, sich mit Reaktionen auf ihn
total zu blamieren, in Ost wie in West.

Als 1979 neun Autoren aus dem DDR-Schriftstellerverband getilgt
wurden, sagte Heym der Macht ins Gesicht: »Es gibt Momente, da
auch etwas an sich Geringfügiges wichtig sein kann. Es wäre ja
möglich, dass eines Tages Ihre Kinder sich bei Ihnen erkundigen
werden: Wie habt ihr euch verhalten, Meister des Wortes, als es
darauf ankam, sich zählen zu lassen?« Es gilt, solche Sätze im
Augenblick zu sagen, da sie etwas kosten könnten. Hätten mehr
Menschen rechtzeitig weniger Furcht, müssten sie später weniger
fürchten.

LUTZ BERTRAM UND DIE LAUTSTÄRKE
Januar 1995

Ich hätte die Sache noch eine ganze Weile vor mir herschieben könnten.

Diesen Satz aus dem Munde einer seiner Interview-Partner – es wäre ein Fressen gewesen für den bissigen Radio-Interviewer. Mit seiner Sendung kratzte er den Morgen auf, wie man eine verfrostete Autoscheibe vom Eis befreit. Es war die drahtbürstige Stimme, es war die kratzbürstige Art. Seine Fragen zu früher Radio-Brandenburg-Stunde bohrten sich in öffentliche Gestalten, die er ans Telefon holte, und wenn man diese Kurzinterviews hörte, sah man geradezu, wie sich die Befragten an ihre Fassung krallten, sich wanden oder Nerven zeigten.

Starmoderator Lutz Bertram ist blind, er sah aber durch. Bis er durchblicken lassen musste, in den achtziger Jahren für die Stasi gespitzelt zu haben. Weil er blind war, hatte er auf eine Operation im Westen hoffen müssen. Aus Hoffnung wurde Kontakt, aus Kontakt ein IM. Not macht mürbe, eine verwinkelte Geschichte, eine traurige, nachvollziehbare Wahrheit. Bertram wurde im neuen Deutschland zum frühen Präzedenzfall: auf der einen Seite das lange Schweigen, auf der anderen Seite der kurze Prozess, die Verurteilung. Dazwischen ist dann nichts mehr möglich, vor allem keine differenzierte Diskussion, die einem Menschen, auch aus dessen verwerflichem Tun heraus, noch eine Chance lässt.

Aber plötzlich fiel noch einmal auf, wie grandios, souverän, treffsicher Bertram blank gezogen hatte – Manfred Stolpe, in Stasi-Verdacht, fragte er: »Na, kommt da noch mal was dicke?« Zu Christa Wolf, in Stasi-Verdacht, fragte er hinüber nach Kalifornien, warum sie ausgerechnet jetzt »in Santa Monica recht hübsch und warm« sitze, »ist das ein bisschen Weglaufen?« Und Gysi, in Stasi-Verdacht, fragte er: »Wieso sind Sie so dünnhäutig plötzlich?«

Schwierige Faustregel fürs Fingerspitzengefühl: In neuen Zeiten so leise bleiben, wie man sich unterm alten Regime traute, laut zu werden.

DAS DEUTSCHE FREMDGEHEN
Juli 1995

*Hier wächst nun wirklich zusammen, was zusammengehört: In Ost-
wie Westdeutschen ist etwas Wütiges nach Fremde. Komisch, wie
sehnsüchtig wir uns als Deutsche verleugnen.* PETER SLOTERDIJK, 3SAT

Unsere Sehnsucht ist niemals wirklich glücklich, sie kann nur
melancholisch auftreten. Und es gibt für jedes deutsche Ding den
passenden Klageton. Aus allen Umständen fertigen wir unverzüglich einen Ausbund an germanischem Größenwahn und schweiß-
treibender Arbeit. Wir sind Masochisten der Selbstanklage, und
wir wollen immerfort – fort. Aber wir reisen nicht, um anzukommen; wir reisen, um zu entkommen. Furchtbar ist bloß, dass man
uns das überall ansieht. Was uns noch deutscher macht.

Vielleicht sind wir zu sehr geschlagen mit einer Mittel-Lage, sie
drängt uns zu Ausbrüchen ins Extreme. Wir liegen zwischen Nord
und Süd, verfügen über Meer und Hochgebirge – auch in anderen
Dingen neigt Deutschland zur Balance. Weil wir vor Mitte über-
quellen, gelingt es uns nicht, sie mit Wohlbefinden auszufüllen.
Dauernd sind wir damit befasst, andere zu beneiden. Italiener,
Franzosen, Spanier. Fremde Aufdringlichkeit funktionieren wir um
in zupackenden Charme, ausländische Lautstärke in Frohsinn; was
uns eigentlich zuwiderläuft, das stilisieren wir, nur weil es andere
praktizieren, hoch zur Lebenskunst. Der französische Philosoph
André Glucksmann: »Die Franzosen spielen mit, was Ausländer als
Bild des Landes sehen wollen. Das soll deren Traum gerecht werden, den sie von der angeblich schönen Fremde haben. Aber keiner findet die Franzosen lästiger als die Franzosen selber, und
jeder ist überzeugt, die wahre Welt sei woanders.« So sehen sich
die Ausländer selber. Deutschlicher kann man's nicht sagen.

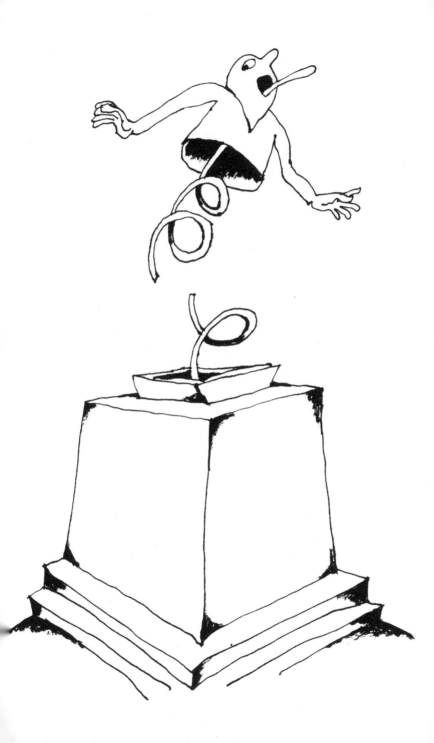

SAHRA WAGENKNECHT MELDET SICH VON VORN
November 1995

Sozialismus kommt! Ich halte es da mit Jürgen Kuczynski, der augenzwinkernd sagte, er wisse nicht, was in zwei Jahren, aber doch ziemlich genau, was in hundert Jahren sei.

Diese Kommunistin verkörpert eine Sehnsucht nach Totalopposition, deren Charisma durchaus Chancen hat. Dahinter steckt der nötige, störende Trotz des klassischen Utopiedenkens gegen den einzigen Bildungsboom dieser Gesellschaft: die vielen und horrend aktiven Schulen der Geläufigkeit. Wagenknecht als Posten, den man sehr weit links aufs klassenkämpferische Feld schickt, weil sich viele andere, lernwillig leiser tretend, selber nicht mehr trauen?

Die Welt mag geradezu unheimlich kompliziert sein – in Wagenknechts gut abgedichtetem Weltbild formt sie sich rasch zur Ordnung, die man halt nur herstellen muss. »Die Leute sehen nicht«, was los sei, »man muss es ihnen deutlich machen.« So spricht eine Prophetin auf Wanderung durch die kapitalistische Wüste. Eine Glattiatorin der Unanfechtbarkeit. Nichts bringt die Plattformerin ins Stolpern. Sie meldet sich von sehr weit vorn. Schon wieder Avantgarde? Ein Programm, auf Zweifellosigkeit geschaltet. Wie ein Zukunftsanrufbeantworter. Im Gesellschafts-Entwurf kein einziger Faltenwurf. Das ergibt den Anstrich eines beglückten Menschen auf unwandelbar richtiger Seite, aber es hat etwas Hermetisches. Das ist sie, die Lehrkraft des klugen Zirkels – und eine Gewissheit, bei der das errötende Morgen als Parteigenosse schon wieder fest eingeplant wurde.

Es sei gefragt, ob sie wohl Sinn für dieses Brecht-Gedicht hätte? »Dauerten wir unendlich/ So wandelte sich alles/ da wir aber endlich sind/ bleibt vieles beim alten.«

OSTDEUTSCHLAND UND WEIHNACHTEN
Dezember 1995

Nun will tatsächlich schon jeder zweite Ostdeutsche zum Weihnachtsfest in die Kirche gehen. Die Prozentzahl stieg seit 1990 stetig. LEIPZIGER VOLKSZEITUNG

O Gott!, möchte man ausrufen. Aber es ist kein überraschendes Umfrage-Ergebnis. Dieser Ansturm ist ganz logisch dem Aufschwung Ost und damit verbundener Arbeitsplatzpolitik zu danken. Denn: Erst setzt der Wähler ein einziges Kreuz, aber unabhängig davon, für welchen Kandidaten er sich entscheidet – bald darauf möchte er am liebsten drei Kreuze machen. Immer betreibt eine moderne Regierung Sozialpolitik so, dass mehr und mehr Menschen unweigerlich dran glauben müssen.

Unter denen, die sich Weihnachten eine Predigt anhören, seien, so heißt es, zahlreiche Besucher, die lange nicht oder noch nie in einer Kirche waren. Hoffentlich gibt es, aus kulturgeschichtlicher Unkenntnis, nicht zu viele Missverständnisse und also Enttäuschungen. Denn Gottesdienste sind keine Veranstaltungen jener Kirch-Gruppe, die im Privatfernsehen, speziell zum Fest, jahrelang für sehr lustige blutige Filmprogramme sorgte. Auch laden – Achtung! – Kirchenschiffe nur sehr selten zu Stadtrundfahrten ein. Weihnachten, so der Münchner Bischof Wetter, dürfe nicht auf dem »Altar des Konsums« geopfert werden. Ach was, wird sich mancher sagen, nichts wie hin! Gegessen wird und dazu das Passende gesungen: Obladi, oblada!

Die deutsche Weihnacht bleibt verlässlich das Fest eines Wunders: Wahrscheinlich werden an den weiteren Jahresenden die meisten Orte schneefrei sein, viele Regionen beharren also verlässlich in ihrer Sommerwärme, trotzdem kommt es in Deutschland auch in Zukunft zu immer größeren Krippe-Wellen.

*Dieser Mann sollte sich möglichst schnell in die Obhut eines
Sanatoriums begeben.*

Das empfiehlt der deutsche Kritiker dem österreichischen Dichter
Peter Handke, weil der den Traum vom unzerstörten Jugoslawien
in seine Poesie herüberrettet und den Westen als Aggressor auf
dem Balkan bezeichnet. Reich-Ranickis Aufhilfe für unliebsame
Schriftsteller: ab in die psychiatrische Behandlung!

Zwölf Jahre später wird dieser Chef-Reißwolf den Ehrenpreis des
»Deutschen Fernsehpreises« für sein Lebenswerk ablehnen. Er
wird sagen, er sei entsetzt über den banal-bunten Charakter der
Gala-Veranstaltung sowie über die Ästhetik, die hier meistenteils
gekrönt werde. So weit, so ehrenhaft. Aber er höchstpersönlich
hatte doch – nicht nur im Kasus Handke – seine eigene Sparte,
die Literaturkritik, auf effekthaschende Weise telegen gemacht,
hatte sie ins Showgeschäft, ins Grelle der Wahrnehmungen getrieben. Der Meister lehnt plötzlich ab, was ihm die gelehrigen Zau-
berlehrlinge der geistigen Schmalkost präsentieren? Er wird bei
der Preisverleihung in Köln erschrocken blinzeln (»schlimm, dass
ich das erleben muss«), als habe er nicht jahrelang selbst in
jenem Medium gearbeitet, das die Verelendung der Sinne und
Empfindungen betreibt. Und das allen Geist verknechtet – unter
die lukrativ gewordene Ökonomie des niedersten Niveaus.

Der eitel Singuläre unter all den Spektakulären des Kritikergewer-
bes hat nicht einfach nur einen Preis abgelehnt, sondern etwas,
das sich leider nicht abweisen lässt: einen Bumerang.

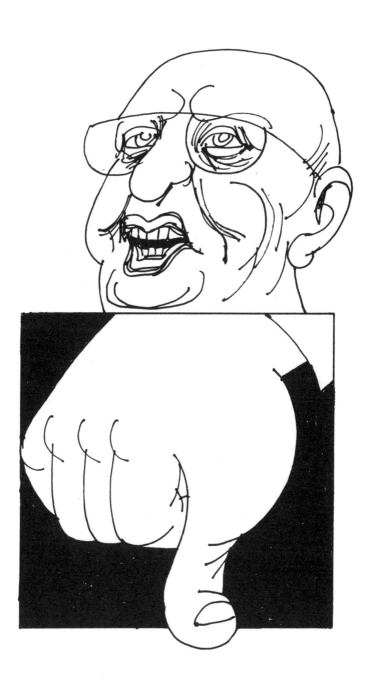

ARBEITSLOSE UND DER ANSTAND
Juni 1996

Diese Studie thematisiert ein leidiges Thema. Aber andere
Menschen haben ebenfalls Sorgen und müssen sich doch trotzdem
beherrschen können. ARNULF BARING auf RTL

Besagte britische Studie stellt »heftig nachlassende Anständigkeit« unter Arbeitslosen fest. Auf den Sozialämtern häuften sich
»unhöfliches Benehmen und Ausfälle gegen Mitarbeiter«. Bewer-
bertraining müsse daher dringend gekoppelt werden mit mahnen-
der Beratung, »sich auch unter komplizierten persönlichen Bedin-
gungen allgemeinen Anstandsregeln« zu unterwerfen.

Satzungen, die das Verhalten in gesitteter Gesellschaft regeln,
wissen Antwort auf viele heikle Fragen – etwa, wie man korrekt
Austern oder Spargel isst. Aber wie benimmt man sich anständig
bei einer Kündigung? Dankt man dem Chef? Und wenn, wie? Mit
Worten oder nur mit einer Verbeugung? Hält man den Kopf
bescheiden und verständig gesenkt, oder darf es doch ein offener
Blick ins Gesicht des Geschäftsführers sein? Ein Fauxpas ist leider
schnell begangen. Wäre eventuell ein Erbleichen gestattet? Ab
wann geziemen sich Tränen? Verlangt der fortgesetzte Aufenthalt
auf Arbeitsämtern wehmütiges Lächeln oder demütigen Ernst?
Keinesfalls gehört es sich, herumzuschreien. Da hat der Politologe
Baring Recht, und das gilt selbstredend auch in Deutschland.
Wutausbrüche widersprechen aller Konvention, wie sie unter
anständigen Leuten gilt. Auch ein Arbeitsloser – wenn er denn
weiß, was sich gehört – sollte sich gefälligst immer dort haben,
wo ihn die mürbende Bürokratie längst hat: in der Gewalt.

DER NICHTWÄHLER. EIN PLÄDOYER
Januar 1997

Seine Existenz entwickelt sich zu einer Kraft mit Tendenz.
NEUES DEUTSCHLAND

Nach den Regeln der politischen Korrektheit ist er ein Abtrünni-
ger. Die praktizierende Demokratie verachtet ihn. Aber vielleicht
ist der Nichtwähler kein Verräter an der Demokratie, sondern ihr
letzter Getreuer. Er ist möglicherweise jener Schutzraumbedürf-
tige, den die Parteien mehr und mehr links oder rechts liegen lassen, weil sie nämlich längst mit anderem beschäftigt sind: mit
Flexibilitätstraining. Um beweglicher zu werden in zivilgesell-
schaftlicher Freiheit. Um offen zu sein für noch unbekannte
Lösungen der Modernisierungskrise. Um biegsam zu bleiben für
jede Richtung, in welcher ungeahnte Koalitionen und also macht-
beteiligte Überlebensformen möglich sind.

»Noch gibt es den komplett frei flottierenden Wählermarkt nicht.
Aber das deutet sich als Zukunft schon mächtig an.« Schreibt der
Parteienforscher Franz Walter und verweist auf das, was dem
Milieu, als dem eigentlichen Bindemittel von Parteien, folgen
wird: »...neue Vernetzungen, neue Kontaktkreise, nur nicht mehr
so großflächig und lebenslang angelegt wie einst, sondern belie-
big kombinierbar, leicht ersetzbar.«

Ein bestimmter Typ von Nichtwähler sendet also Signale der cha-
raktervollen Verzweiflung aus. Er ist unfähig, zwischen den politischen Fronten zu taktieren wie in einem Spiel. Er möchte nicht
sprunghaft leben. Er sieht die Austauschbarkeit von Wahlkampf-
veranstaltungen: Bastelstraßen für Senioren und Biomüll-Sam-
meln gegen Neonazis, und über allem schaukeln bunte Luftballons
als letzter Ausdruck für hochfliegende Pläne. Der Nichtwähler
bleibt seiner Partei gewogen, indem er sich ihren Wechsel-Kursen
verweigert. Dass er am Wahltag tapfer zu Hause hockt, heißt: Er
läuft nicht über.

Wer die Wahl hat, hat die Qual? Vielleicht durchlebt, wer nicht
wählt, die weit größeren Qualen.

SARG ZU, VIELE FRAGEN OFFEN
September 1997

Wie der Verband der Bestatter mitteilt, sieht er seine Mission leider mehr und mehr darin, eine »Art Event-Veranstalter« sein zu müssen. EVANGELISCHER PRESSE-DIENST

Wir verdrängen den Tod. Auch, indem er verwertet wird als Fortsetzung der Spaßgesellschaft. Knallbunte Särge. Popsongs in der Leichenhalle. Anträge, die Asche sonst wo verstreuen zu dürfen. Ins offene Grab wird geworfen, was dem Verstorbenen lieb war. Wenn's ein Handy gewesen ist: ausschalten. Nicht, dass es aus der Grube raunt: »Dieser Anschluss ist im Moment nicht erreichbar.«

Andererseits: Die Sucht nach Originalität scheint immerhin besser zu sein als das ebenfalls üblich gewordene Abstellen, Entsorgen und Verfrachten. Noch nie zuvor wurden Gestorbene so geruchlos, so fatal sauber, so technisch kalt aus dem Sterbezimmer ins Grab expediert. Wer hält Toten noch die Hand? Lässt sie aufbahren? Verhängt nach alter Sitte Spiegel?

Immer mehr Deutsche bringen ihre Verwandten anonym unter die Erde, weil dies der letzte Wunsch der Verstorbenen war. Das ist aber trotzdem keine Aussage über die Toten, es ist ein Urteil über die Lebenden. So zerbricht eine Sozietät: Die Daseinsweise in der Gesellschaft verhält sich zur sogenannten letzten Ruhe wie Einsamkeit zu Einsamkeit. Keiner hat Zeit, ein Grab zu besuchen. Niemand hat Muße, es zu pflegen. Alle wohnen zu weit weg. Jeder fürchtet steigende Ausgaben. Der künftige Tote trifft da die einzig richtige Vorsorge. Weil er als Person nichts gilt, flüchtet er ins Kollektiv. Namenlosigkeit als Schutz. Unauffindbarkeit als Nest. Im mählichen Vergessenwerden liegt die letzte Zuflucht. Schmerzloseste Narbe: die Rasennarbe. Man beißt ins Gras, das schnell über alles wachsen möge. Noch nach ihrem Tode müssen Menschen Angst vor dem haben, was ihnen durch lieblose Angehörige angetan werden könnte.

SABINE CHRISTIANSEN UND DIE VERWAHRLOSUNG
Februar 1998

*Ich habe den schönsten Platz im Fernsehen, der sich wohltuend
abhebt von der Öde parlamentarischer Rituale – Politik brauchte
längst andere Ausdrucks- und Vermittlungsformen.*

Der Prominenten-Talk der Christiansen leitete eine neue Phase im
Demokratieverderbnis ein: Fernsehen als sonntägliche Regierungs-
bank und als Podium für wöchentlich wechselnde Parteipro-
gramme. Von den Clowns dieser »Lassen Sie mich noch dies
sagen!«-Plusterei werden wir im irrigen Glauben gehalten, da
begegneten einander Lagekenntnis und Lösungswille im suchen-
den Gespräch. Aber jeder kippt jedem nur seine zerleierte
Ansichtssache vor die Hirnplatte – hinter der sich nichts mehr
bewegen muss, wenn man denn einmal erfolgreich durchgewinkt
wurde in den inneren Kreis der Bedeutungsträger. Jede Parteifüh-
rung geilt nach dem Teilnahme(gewohnheits)recht an diesen Null-
runden der Nichtssagenheit; und im Hamsterrad ewiger Meinungs-
öde japst auch die linke Opposition freudig mit. Christiansen als
Prototyp: Man spielt sonntäglich Betroffenheit, Empörung, kri-
tisch bedenkende Persönlichkeit – und offenbart dabei, wie man
an Selbstbewusstsein verelendet. Dieses Selbstbewusstsein
erwächst aus ungutem Grund: Das Gewäsch hat große Kraft, es
wäscht alle Weltkanten rund, bis sie ins Format passen. Aber Format hat das nicht: sich vor den Kameras Sorge um soziale Werte
und gesellschaftlichen Sinn zu machen, während hinten immer
unverschämter die Kassen klingeln. Die sekundäre Welt Fernsehen
zeigt den Politikern unwiderruflich, wessen Angestellte sie sind.

MARTIN WALSER UND AUSCHWITZ
Oktober 1998

*Ich habe es nie für möglich gehalten, die Seite der Beschuldigten
zu verlassen ..., wenn mir aber jeden Tag in den Medien die Vergangenheit vorgehalten wird, merke ich, dass sich in mir etwas gegen
diese Dauerpräsentation unserer Schande wehrt.*

Martin Walser erhielt den Friedenspreis des Deutschen Buchhandels und dankte in der Frankfurter Paulskirche mit der aufstörendsten Intellektuellen-Rede des Jahrzehnts. Er sprach über
Auschwitz und bekannte, was sich in ihm kämpfend verquickt:
Hinschauenmüssen und Wegschauenwollen. Schon saß er im Verdachtskerker: Da wolle einer den Schluss-Strich unter die deutsche Vergangenheit ziehen?! Die Vereinfacher schlugen zu. Dabei
hatte er nur gegen das öffentliche Lippengebet gesprochen,
gegen die antifaschistische Schamesröte auf Befehl, gegen den
Verkauf des Gewissens ans offizielle Ritual. Walser beobachtet allüberall die »Instrumentalisierung unserer Schande zu gegenwärtigen Zwecken. Immer guten Zwecken, ehrenwerten. Aber doch
Instrumentalisierung.« Die Moralkeule lädt ein, nach außen hin
ein besserer Mensch zu sein, also: ein Heuchler. Beispiel? Außenminister Joschka Fischer rechtfertigte den NATO-Einsatz auf dem
Balkan mit Warnungen vor einem neuen Auschwitz. Maulkorb-
Erlass, was sonst. So, wie zu DDR-Zeiten jede Kritik am Staat
zurück ins Schweigen getrieben wurde – mit der Gretchenfrage, ob
man denn nicht für den Frieden sei.

Das Befragen der Vergangenheit reduziert sich für Walser nicht auf
die Erkundigung: Wie war es?, sondern wird ihm zur bohrenden
Frage an die Gegenwart: Wie ist es? Seine Rede schwingt bis
heute nach, sie bittet noch immer um weniger Verlogenheit in
dem, was wir ethisch für erreicht halten.

OST UND WEST IM GESPRÄCHSSCHOCK
Januar 1999

Sie verstehen sich einfach nicht, noch immer nicht. KULTURZEIT, 3SAT

Zwischen Ost- und Westdeutschen tritt auch nach beträchtlichen Jahren Einheit noch immer der Härtefall eines »Kommunikationsschocks« ein. So sagt es die aktuelle Politikforschung. Westdeutsche etwa eröffnen ein Gespräch gern positiv, auch dann noch, wenn es ihnen gar nicht gut geht. Das nennt man wohl Sozialdemokratie. Ostdeutsche sind da ganz anders. Sie verhalten sich »nie aufgesetzt fröhlich«, sondern bekennen sich unbekümmert und unbefestigt zu dem, »was hinunterzieht«. Das nennt man wahrscheinlich Christdemokratie, denn das »Hinunterziehen« wurde verstärkt öffentlich, seit es die Mundwinkel der Angela Merkel gibt.

Aber auch dann, wenn Ost- und Westdeutsche miteinander sprechen, verstehen sie sich nicht ohne weiteres. Der Ostler sieht seinem Gegenüber fest und dauernd, wahrlich un-verschämt in die Augen, aber leider »länger, als dies der Westler für angemessen hält, der von einer Kultur des Abstandes, der Distanz und der Beiläufigkeit« geprägt bleibt. Diese Unverfrorenheit des Direkten im Auftreten des ehemaligen DDR-Bürgers freilich dürfte zu ändern sein. Wenn schon im Rahmen des Aufschwungs Ost die Zahl der sozial Benachteiligten und ganz Schwachen offenbar nicht wirklich mehr entscheidend zu senken ist – vielleicht kann im Osten wenigstens ein umfangreiches Regierungsprogramm zur rechtzeitigen Senkung der Blicke gestartet werden.

KINDER UND DER KOSOVO-KRIEG
Juni 1999

Wie es in der Pressemeldung der PDS heißt, verderbe der NATO-Angriff auf Jugoslawien den Gedanken, das vereinte Deutschland sei unbedingt friedlich, und dann heißt es wörtlich: »Der heutige Kindertag lässt uns im Übrigen auch daran denken, dass unschuldige Kinder diesen Krieg nie begonnen hätten.« NEUES DEUTSCHLAND

Der Satz klingt verfänglich gütig und ist doch verkitschte Abkehr von jener Unberechenbarkeit, die mit der Geburt jedes Menschen neu in die Welt kommt. Hier die Reinheit alles Frühen, da die Verderbtheit alles Späteren? Was aber liegt dazwischen?

Kinder hätten auch den Ersten und Zweiten Weltkrieg nicht angefacht; der kleine Adolf H. hat so wenig Konzentrationslager gebaut wie der kleine Jossif Wissarionowitsch S. auf die Idee kam, Gulags zu errichten. Kinder, obwohl sie die Welt vielleicht nach wie vor in Cowboys und Indianer einteilen, hätten die Ureinwohner Nordamerikas nie ausgerottet. Und kein Kind verfiele darauf, Kohl oder Schröder zu wählen – ein jedes hätte sich, instinktiven Solidargefühlen folgend, für den kleinen Gysi entschieden. So weit, so gut.

Wahrscheinlich wären Kinder auch nicht auf die Idee einer Oktoberrevolution gekommen, und wer weiß, ob der Thomas, als er noch ein Männlein war, »Die Buddenbrooks« geschrieben haben würde. Verteilten Kinder, als junge Pioniere verkleidet, mit garstiger Lust Parkstrafzettel? Auf keinen Fall hätten sie so schöne Dinge wie Bayern München, das Berliner Ensemble, das 13. Monatsgehalt, den Skilift oder das herrliche Flensburger Bier erfunden – dessen Fehlen mich manchmal schwermütiger macht als eine eventuell nicht erfundene Oktoberrevolution.

HUBERTUS KNABE UND DAS TRAUMA
Oktober 1999

Bereitschaft zur Denunziation ist keine Frage des politischen Systems.

Er ist unerträglich. Er wirkt, als sei er der Reichste: Er nämlich besitzt – die Wahrheit. Der Chef der Stasi-Gedenkstätte Berlin-Hohenschönhausen kennt kein gesellschaftliches Klima, in dem nicht Verharmlosung zu wittern sei, ob in Ost oder West. Er hält auch die alte Bundesrepublik »erschreckend von Mielke unterwandert«. Das Jagdfieber treibt ihn. Immer weiter weg von wissenschaftlicher Grundierung seiner Forschungsarbeit. Kühle, die der Sachlichkeit zuarbeiten würde, ist seine Sache nicht. Ein Hartgesottener. Beseelt davon, jene zu verteidigen, die von Geschichte weichgesotten übrig blieben.

Auf seinen Schultern hockt das Gespenst DDR, er wühlt sich in eine geradezu neurotische Fixiertheit hinein, es zur Strecke zu bringen. Dafür riskiert er, sich selber zur Strecke zu bringen: der Heiler, der sich am Virus infiziert, den er austreiben will. Mit dem Ziel, das er verfolgt, wurde er selber ein manischer Verfolger, in dessen Augenhöhlen immer sprungbereit die Besessenheit hockt.

Aber: Vielleicht braucht Opferschutz genau solche Menschen – denen der Nerv für das Trauma verlässlich blank bleibt. Denen der Hass auf solche SED-Täter nachwächst, die beständig zu tun haben mit Vertuschung und nachträglichen Umbaufantasien: MfS-Gefängnisse, waren das nicht heimliche Interhotels?

Was Knabe in penetrantem Zorn hält, ist diese eine ignorante, sich ausbreitende Haltung zur DDR: Wie schön, sich zu erinnern – wenn man vieles vorsorglich und gründlich vergessen hat.

BAYERNS GERANIEN, BERLINS GRAFFITI
März 2000

*Berlin gilt als Welthauptstadt des Graffiti, das teilt die Bürger-
initiative »Noffiti« in großer Sorge mit. Bürgerhinweise, die zur
Dingfestmachung von Sprühern führen, müssten lohnenswert
honoriert werden.* BZ

Unsere Welt soll schöner werden. Aber warum durchfährt einen
der böse Wunsch nach Blattläusen, wenn man in Bayern durchs
Spalier unendlich blühender Geranienbalkons fährt? Woher der
Verdacht, dies sei kein Blumenschmuck, sondern Gesinnung?
Heiner Müller: »Jedes Haus ist so zu Ende geputzt, dass Umwelt-
verschmutzung zur letzten Hoffnung wird.«

Berlin braucht keine Blattläuse, Berlin hat Graffiti. Das ist der
Abwehrreflex wider eine bürgerliche Sittlichkeit, hinter der Nor-
mierung lauert, wider eine Ordnung, die zur Selektion neigt.
Gegen diese gesellschaftliche Hauptaktion, auf porentiefe Sauber-
keit zu zielen, richtet sich der Enthusiasmus, die Dinge rasch
wieder zu beschmutzen.

Sachbeschädigung bleibt Sachbeschädigung. Aber worum es geht,
ist der andere Blick auf eine Sache, die nur deshalb moralisch so
klar scheint, weil eine Mehrheit ihre eindeutige Meinung darüber
hat. Sind unübersehbare, farblos bunte Werbeflächen oder Über-
wachungskameras und Zäune um jeden Besitz nicht weit unästhe-
tischer? Sind die uniformen Beton- und Glas-Ungetüme, die jedes
Grün unter sich ersticken, nicht grausam hässlicher? Der Bürger
will's persilweiß, für dieses Ziel soll ihm sogar Denunziantenlohn
winken – indes sein Hund die Parks zerscheißt.

Schon befürchtet die hauptstädtische Verwaltung, der Billig-
tourismus karre aus allen Orten noch mehr Sprüher herbei. So auf-
ersteht das geteilte Deutschland: Die einen fahren ins schöne
Bayern, die anderen nach Berlin an der Spray.

SIGRID LÖFFLER UND DAS QUARTETT
Juli 2000

Die Sendung macht nur noch Krach. So betritt das deutsche Fernsehen den Weg der Globalisierung.

Sigrid Löffler verlässt nach zwölf Jahren das »Literarische Quartett« des ZDF. Von Reich-Ranicki war sie in zwei Sendungen hintereinander rüde angekräht worden. Assistiert von Karasek, dem Mann mit Knödel im Mund und Schweißtropfen auf hellem Revers: Löffler sei »stutenbissig«.

Zwölf Jahre hat sie ausgehalten, mitgehalten, ihr Gesicht hingehalten. Wollte zeigen, dass Literaturkritiker nicht nur staubige Spezialisten sind, die Lebenskurven unbedingt mit einem Lineal vermessen müssen. Nun bleibt vom Auftritt der Maßstab- und Beckmesser um sie herum: Tritte in die Eingeweide. Logisch, denn etwas ins Fernsehen zu heben heißt unweigerlich: dessen Niveau zu senken. Alles nur noch eine einzige Vorabend-Serie, und immer ist es ein Vorabend, der bereits die Katastrophe selber ist. Auch das Öffentlich-Rechtliche wird öffentlich immer schlechtlicher. Zum Bestseller schafft es, wer am besten eines verkauft: sich selber. Wann wird die Maulkorbregelung erweitert, Kultur im Fernsehen kam doch längst auf den Kampfhund. Nicht nur bei Kreisch-Ranicki.

Löfflers Rücktritt hat späten Charakter. Das »Quartett« hätte eine Form dafür sein können, dass vier Menschen nicht aufhören zu denken. Es wurde draus ein Format, bei dem am Ende zwei noch eine ganze Weile nicht daran dachten, endlich auch – wie Löffler – aufzuhören.

Das ist die größte Frechheit des Fernsehens: Man wird in seinem Wohnzimmer zu Leuten gebeten, die man selber nie einladen würde.

VOLKER BRAUN UND DIE SCHULD DER SATTEN
Oktober 2000

*Wer hätte gedacht, dass Leuna, die Wiege der Chemie, einmal
Synonym für Schmiergeld werden würde? Und dass eine so große
Sache wie die deutsche Einheit kaufmännisch so schlecht
erledigt wird.*

Worte aus jener Rede, da der Dresdner den Georg-Büchner-Preis
erhielt. Eines seiner Gedichte heißt:»Nach dem Massaker der Illu-
sionen.« Darin ein Zitat aus »Dantons Tod« – die Aufforderung:
»Geht einmal Euren Phrasen nach bis zu dem Punkt, wo sie verkörpert werden.« Das Totenlied der verdorbenen Utopien. Der
Mensch ist in die Zumutung hineingeworfen, die er mit Idealismus
zu übersteigen versucht – am Ende bleibt wenig. Aber das
Bewusstsein davon, dass es so und nicht anders ist – es bedeutet
schon viel Gewinn, mitten im Scheitern.

Volker Braun ist der Dichter des aufrechten Gangs unter Kräften
und Schmerzen.»Langsamer knirschender Morgen«, wie ein
Gedichtband heißt: Da hört man den Sand im Getriebe, hört das
Blut pochen der von Elan Getriebenen. Die Pfade, Sozialismus
genannt, beschrieb Braun als undurchdringliches Gelände. Denen,
die da Verirrung fürchteten (so beschwerliche Wege!), erwiderte
diese Literatur: Nein, bald sind wir am Ziel!, und wann wird das
Ziel erreicht sein? Wenn es aus ist mit den schönen Hoffnungen.
Gehen, gehen, gehen, und immer noch nichts sehen vom Gipfel.
Bis wir endlich merken, dass es in die Tiefe geht. Wie es war, wird
es bleiben: Die Zeiten wechseln ins Beständige – in jene Abbruch-
reife, die neuen Anfängen vorausfault.

Braun hat sich durch die Systeme gedacht, der Sanfte so wuchtig
im Wort. Uns nunmehrige Westler (»wir Satten«) sieht er »in der
Schuld aller Orte, die verloren sind«. Die Mauern, die uns von der
quälenden Gefahr jener schönen Passion abriegeln, es gäbe für
Sehnsüchte noch unbesetztes Gebiet – er durchbricht sie mit der
leisen Inständigkeit seiner Poesie.

INGE KELLER UND DER WECHSEL
Januar 2001

In Zeiten, da das in der DDR Gelebte so viele Menschen zu drücken
scheint wie ein Rucksack, den man endlich aufatmend in irgendeine
Ecke wirft, in so einer Zeit möchte ich – und jetzt umso trotziger! –
nur eines: Ich möchte mein Gesicht durchhalten.

Die Keller ist, in Glanz gebettet, eine harte preußische Arbeiterin.
Wenn sie spielt oder liest, ist das ganz und gar altes selbstbe-
wusstes Deutsches Theater, deutsches Theater; von Wort zu Wort
geht es auf eine atemberaubende Reise ins Präzise. Ihre Kunst ist
instinktives Verstandesklirren, kühl flammend und unsentimental,
von einer störrisch-sanften Unergründlichkeit, die nur mit jahr-
zehntelang behaupteter Gründlichkeit versucht und gehalten werden konnte. Natürlich ist sie im Beruf mit allen Wassern gewa-
schen, Verwässerung jedoch war nie die Gefahr. Zu Resignation,
Zynismus,»nur«, weil sich Machtverhältnisse und Ästhetiken
ändern, ist sie unfähig. Sie bleibt geschlagen mit bebendem
Interesse für Wagnisse.

Das eigene Gesicht durchhalten: großes Einverständnis mit dem
Bildhauer Leben. Der härtet, der kerbt, der fügte bei ihr beides zu
einer Schönheit, die etwas klassisch Erhabenes hat. Es gibt eine
Art, sich dem wechselnd Aktuellen so zu verweigern, dass dadurch
überhaupt erst die Gegenwärtigkeit, die Gewärtigkeit eines Menschen Gewicht erhält. Das genau ist die Keller. Sie spricht ihr
Spiel, sie spielt ihre Lesungen, und durch ihre Atemzüge gehen
die Zeiten und dürfen uns erzählen. Es ist das Höchststadium des
Erreichbaren im Schein-Geschäft Theater: Längst mehr zu sein, als
man darstellt.

CLAUS PEYMANNS REISSZAHN
Februar 2001

Ich habe gesagt, ich wolle Reißzahn sein im Regierungsviertel oder sogar im Arsch der Regierung. Das ist wünschenswert, war aber unbedacht von mir.

Der gebürtige Bremer ist der typische Bürgersohn, der Anarchist sein möchte – aber der brave deutsche Urgrund rächt sich, indem er so einem Abtrünnigen fortdauernd Röte und Schweiß aufs Gesicht treibt, als Kainsmal: Wie anstrengend es doch ist, Träumer bleiben zu wollen.

Seit 1999 ist der Regisseur Chef des Berliner Ensembles. Seitdem bleibt die Bewertung seiner Kunstausübung oft hinter der Aufmerksamkeit für seine medialen Aufstände zurück. Trotzdem: eine Licht-Gestalt. Die in ihrer Besessenheit noch immer für eine zukunftsfähige Pointe hält, was vielleicht längst der eigene Abgesang ist? Dreizehn Jahre Burgtheater, ein Fest der Attacken im Geiste Thomas Bernhards; Wien, das war fast schon europäischer Süden, also Wallung gegen Wallung – Peymanns Welt. Die deutsche Hauptstadt dagegen ist kalt und reglos wie Sibirien.

Sie prügeln ihn gern und hochnäsig, und sie sind doch zugleich die glücklichsten Parasiten: Kritiker, die ihn verreißen und sich selber aufbauen dürfen an seiner Unbedingtheit, seiner Lust an Donner und Blitz, sei es auf der Bühne, die den Dichtern gehört, oder auf den Bühnen, die er gern für sich selber errichtet. Mit Donner, auch ohne Blitz. Noch in jedem Scheitern bleibt er ein Quicklebendiger. Das macht ihn so anstrengend und unliebsam, so nötig und einmalig. Er wünscht sich, eines Tages nur noch in seinem Köpenicker Garten zu arbeiten. Er kann es nicht, er verliert gern den Krieg gegen stetig nachwachsende Farne. Sein Garten Eden ist das Theater, Paradies und Hölle zugleich.

DER MONAT DER DEUTSCHEN
November 2001

»An die Arbeit!«, sagte Gerhard Schröder, direkt angegriffen sah er nicht aus. <small>WELT AM SONNTAG</small>

»Im traurigen Monat November war's ...«, so beginnt Heinrich Heine sein winterkaltes Deutschlandporträt. Keine andere Datumsstrecke gemahnt derart intensiv daran, dass wir Deutsche merkwürdige Terminabsprachen mit dem Historischen haben. Die Proklamation der ersten deutschen Republik erfolgte an einem neunten November, an einem neunten November brannten die Synagogen, an einem neunten November öffnete sich die Mauer. Es ist, als verkörpere diese magische Zahl Elf des gregorianischen Kalenders den bürgerlich gewordenen Zwiespalt zwischen Emanzipation und zerstörerischer Hysterie, zwischen hyperstarker Werdekraft und furchtbarem Zusammenbruch. Eine Ballung des Widerspruchs von tiefem Ernst und dessen gleichzeitiger Persiflage ist in einer Vervielfachung der Elf zu finden – womit wir nun gänzlich im Deutschen versinken: Elfter-Elfter-Elf-Uhr-Elf. Ist mehr trister November noch möglich?

Ja. Es war wieder November, da der Bundestag deutsche Soldaten einem umstrittenen Krieg in Afghanistan auslieferte! Wie sinnfällig: kurz vor Volkstrauertag und Totensonntag. Auch dies: umschattete Novemberdaten. »An die Arbeit!«, sagte der Kanzler an diesem 16. November, einem schweren, fordernden Tag, an dessen Ende für jeden deutschen Politiker doch wohl Leere, Ausgelaugtheit, eine gewandelte Selbstverfassung hätten stehen müssen, ein Bei-sich-Sein in der Erschöpfung. Nun ja, man ging zum Presseball.

Erneut gehören Soldaten dazu, wenn wir künftig die spätherbstlichen Solldaten der Erinnerung aufrufen. »Der Rest heißt Abgrund Grauen oder Lust/ In diesem oder einem andern Land.« Schrieb 1994 Heiner Müller. Und zwar am 29. November.

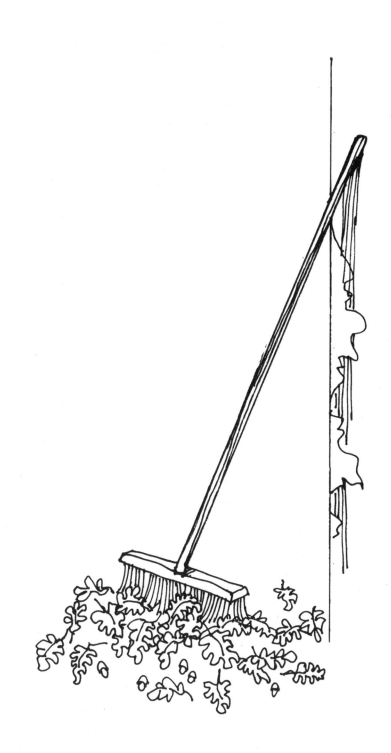

GÜNTER GAUS UND DER PARTEIAUSTRITT
November 2001

Wenn man alt genug geworden ist, um alle Hoffnung auf eine
grundlegende Veränderung des Menschen aufgegeben zu haben,
dann bleibt nur noch das Vergnügen, sich selber nichts mehr
vorzumachen.

Praktische rot-grüne Solidarität für Washingtons kriegerischen
Afghanistan-Eingriff? Unsere Soldaten an den Hindukusch? Und
das alles ohne erregte Diskussion im deutschen Parlament? »Wenn
sich das Demokratie nennt, bin ich ab heute kein Demokrat
mehr.« Still trat er aus der SPD aus. Weil er Sozialdemokrat bleiben wollte. Günter Gaus: einer, der stehen blieb. Im besten Sinne:
Denn erstaunt hat er beobachten müssen, wie sich das Land
bewegte. Nach rechts. So dass er selber eines Tages – links stand,
vielleicht deutlicher, als er es je im Sinn hatte.

Der Publizist und Brandt-Diplomat ist immer der tapfere, lautere
Gespaltene geblieben: Den kleinen Bürger nahm er in Schutz,
ohne dem Kleinbürgerlichen nahe sein zu wollen; die Bedürfnisse
der Mehrheit verteidigte er gegen den Hochmut Intellektueller,
ohne jedoch seine politische Furcht vor Mehrheiten verbergen zu
können. Er hielt Kommunismus für eine Illusion, verurteilte aber
den »totalitären Antikommunismus«. Bei Bürgerrechtlern bedau-
erte er deren Aufenthalt in zu viel Vergangenheit, so räumten sie
ein weiteres Mal »ihren Platz den Etablierten«.

»Der Mensch ist die einzige Münze, mit der auf dieser Welt gehandelt wird.« Das kann als bitterer Satz am Ende aller Erfahrungen
gelesen werden, denn: wie viel Währungsverfall, wie viele Kurs-
stürze, wie viele Fälschungen. Aber es ist ein Satz appellarisch
gestimmter Hoffnung. Fast Schiller. Ein Gedanke aus Gaus' Abitur-
aufsatz. Und dieser Gedanke blieb, trotz allem, sein Plädoyer für
den Menschen; und Menschen brachten ihn davon nicht ab. Er war
überzeugt, dass keine bessere Welt werde. Aber er wusste keinen
Grund, ob dieser Gewissheit so grinsend, so hämisch heiter zu
sein wie die vielen seiner politischen Klasse.

CHRISTIAN KLAR UND DAS SEGELSCHIFF
Dezember 2001

Ich respektiere die Gefühle der anderen Seite, mache sie mir aber nicht zu eigen.

Das Wasserglas steht auf dem Fußboden. Lange Pausen während des Gesprächs. Der Besuchsraum mit brauner Gardine, blaugrüner Heizung, kahler Wand und Wartezimmerstuhl ist seit langem die einzige direkte Verbindung zur Außenwelt. Fünf mal lebenslänglich und zusätzlich fünfzehn Jahre – das ist die Strafe, die Klar in Bruchsal verbüßt. Nun befragte ihn Günter Gaus »Zur Person«. Eine Deutschstunde. Die RAF wollte einen »Bruch reinsetzen« in die bürgerliche Volksgemeinschaft. Sagt Klar. Bruch reinsetzen. Sie mordete.

Illegalität habe er »als große Freiheit« erlebt. Schuldgefühl? Bevor er trauern würde, »müsste sich sehr viel ändern«. Ein Mann, der seiner Entlassung, irgendwann, mit dem Wunsch entgegenhofft, noch »zu Beziehungen fähig zu sein«. Reuebewusstsein? Für ihn kein Begriff. Als gelte noch immer das Konzept eines Kampfes, der bestimmte Gefühle nicht zulässt. Er spricht stockend und doch fest vom Traum einer »Sozialisation, die nicht über Besitz läuft«. Und die Hoffnung ruft er auf, »dass sich Menschen mit Erniedrigung nicht abfinden«. Ja, er leide an der Ungerechtigkeit der Welt. Auch juristisch notwendige Ausgrenzung konnte ihm dieses Leiden nicht austreiben. Möglicherweise ein hoher Beweis von Charakter.

Man darf das getrost eine Tragödie nennen: im Wunsch nach Gemeinschaft und Gerechtigkeit schuldig zu werden und zu vereinsamen. Eines seiner Gnadengesuche schrieb er auf einer Ansichtskarte, die ein Segelschiff zeigte. Als Günter Gaus davon erfuhr, so erzählt später seine Tochter, habe ihr Vater geweint.

P.S. Ende 2008 wird er frei sein. Schon vorher war eine Begnadigung im öffentlichen Gespräch. Die ARD hatte bei »Christiansen« Zuschauer, spaßeshalber, über eine mögliche vorzeitige Entlassung abstimmen lassen. Ein Spiel für Charts-Gemüter, die sich rege beteiligten. So bediente man das Unterhaltungsbedürfnis des Volkes sehr grausam, indem man dieses Volk noch grausamer bloßstellte. Und sich als Sender gleich mit.

EDMUND STOIBER UND DIE »MENSCHEN«
Februar 2002

Die Menschen sind für mich das Wichtigste, es geht ja um die Men-
schen, und auch als Kanzlerkandidat gehe ich übrigens davon aus:
Die Menschen entscheiden sich in den letzten drei Wochen.

Politiker reisen durch Raum und Zeit und berichten von merkwür-
digen Wesen, die sie zufällig entdecken. Jedenfalls klingt da so
ein Staunen durch, wenn Machtverwaltende die Bezeichnung derer
in den Mund nehmen, die plötzlich so faszinierend auf sie wirken:
die »Menschen«. Als wenn sie, ihre Politik betreibend, gewöhnlich
an sonst wen dächten, nur eben nicht an die ... nun ja.

Auch Stoiber verwies, speziell als CSU-Kanzlerkandidat, betont
häufig auf diese Spezies: Die »Menschen« erwarten ... die »Menschen« wissen das ... So reden Abenteurer, die von weither
zurückkehren und seltsamer Naturen angesichtig wurden. So
sprach Reinhold Messner vom Yeti. Keiner sah den jemals, Messner aber hatte sein Yeti-Bild. Wie Politiker ihr »Menschen«-Phan-
tombild besitzen. Die »Menschen« haben ein Recht darauf. Die
»Menschen« möchten wissen ...

Stoiber hat gleichsam den bayrischen Löwen im Wappen, ähnelt
aber in seiner bleichen Gesichtsfarbe und -kontur eher einem
mumifizierten Haifisch (das Graue an einem Menschen ist manchmal schlimmer als das Grauenhafte). Nun fand er also eine wich-
tige Eigenschaft der »Menschen« in Wahlzeiten heraus: Sie entscheiden sich in den letzten drei Wochen, wem sie ihr Kreuz
geben. Politiker lassen sich für vier Jahre wählen, doch die meisten von ihnen behalten trotzdem nur die Prägekraft einer Ein-
tagsfliege.

Dann doch lieber Messners Yeti.

BERNHARD VOGEL UND DAS SCHWEIGEN
April 2002

Das Leben geht weiter.

Nach den Amok-Morden im Erfurter Gutenberg-Gymnasium sagte Thüringens Ministerpräsident Bernhard Vogel vor Fernsehkameras diesen verräterischen Satz. Unheimlich: Wenn uns etwas die Sprache raubt, meldet sich die Stimme am eifrigsten. Wo der Tod, wie in Erfurt, auf eine Weise das Leben zerreißt, die als Sittlichkeit nur Schweigen zuließe, just da verleiben wir uns die Situation mit den Wörtern eines präzisen Kategorienapparates ein, der eine sofortige Beherrschung der Lage signalisiert. Es darf noch im Erschütterlichsten keinen »Riss im üblichen, gewöhnlichen Bemerken« geben, wie es Ernst Bloch formulierte. Geschieht etwas aufwühlend Tragisches, hagelt es im Nu Rezepte, Therapien, Programme, Ratschläge, Schuldzuweisungen. Aber die Annahme, über alles Bescheid zu wissen, ist das Auflösungsmittel jeder Kultur. Nur die Fassungslosigkeit, die wir uns nicht gestatten, wäre Indiz für eine Ahnung. Dass wir es nämlich mit etwas zu tun haben, dem wir nicht genügen, das für uns zu groß ist, um es zu begreifen, zu mächtig, um sich seiner zu versichern. Auf das Entsetzliche, wie auf jenen siebzehnfachen Massenmord in Erfurt, reagieren wir derart eilfertig, weil wir auch im gewöhnlichen Leben längst nicht mehr fähig sind, beglückt und frei die Fassung aufzugeben. Indem wir den genauen Blick fürs Alltägliche verlieren (in dessen Tiefen sich auch das Entsetzliche vorbereitet), werden unsere Erklärungen fürs Schlimme so gewöhnlich und dumm; es endet schließlich in derartigen ministerpräsidialen Sätzen, und das wird sogar noch landesweit übertragen. Wahrlich: Es ist nicht zu fassen.

KANZLER-DUELL, EINE TELE-VISION
August 2002

Kein Regierungschef wird künftig einer harten Prüfung auf die Fernsehtauglichkeit seiner Argumentation und Präsentation entgehen können. DIE WELT

Es tut Not, sich zu erinnern. Ein Duell, das diesem Namen gerecht werden will, endete einst mit tödlichem Schweigen, nicht mit quassel-strippigen Quoten-Analysen. Ganz abgesehen davon, dass es im Morgengrauen stattfand, nicht zu abendlichen Hauptsendezeiten. In Fontanes »Effi Briest« kann man lesen: »Alles erledigte sich rasch; die Schüsse fielen; Crampas stürzte.«

Wir sind indes in fatale Zeiten geraten. Längst fließt kein Blut mehr. Blutarmes Deutschland: Politiker versus Politiker(in) – der Kampf um die Kanzlerschaft darf sich im entscheidenden TV-Moment trotzdem frech Duell nennen und ist doch nur ein Abtausch jener geläufigen Totschlagargumente, die Politik so erbärmlich am Leben halten. Es geht um den Schlag, den man hinterher bei den Leuten hat. Ein Duell lediglich in diesem Sinne: Beschussquote durch Reize. Welch ein Einbruch von Unerwartetem, als Gerhard Schröder im TV-Duell mit Stoiber, vor der Bundestagswahl, Millionen Zuschauern erklärte, warum er seine Frau liebe. Aber selbst dies war lediglich eine Regierungs-, leider keine Liebeserklärung.

Zwischen Jauchs »Wer wird Millionär?« und der Frage »Wer wird Bundeskanzler?« finden mediale Annäherungen statt, die ein demokratisches System fatal revolutionieren. Publikums- und Telefon-Joker sowie die Fünfzig-Fünfzig-Variante erscheinen heute schon wie ein methodisches Vorfeld künftiger Wahlentscheidungen, bei denen Kandidaten für ein politisches Amt nur noch als Tele-Visionäre herumgereicht werden. Irgendwann wird dann auch nicht mehr abgewählt, sondern die weit höhere Bestrafung angewendet: Wegzappen!

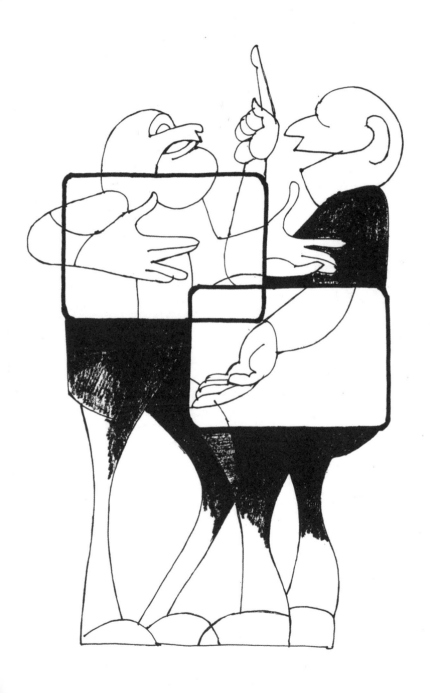

IHR RINDERLEIN KOMMET
Oktober 2002

Ein Sprecher von McDonald's bekräftigte, es sei in dieser schwierigen Zeit alles ganz normal verlaufen ... FRANKFURTER ALLGEMEINE ZEITUNG

Im Wirbel um deutsche BSE-Fälle blieb dieses Ereignis unverdientermaßen ohne große mediale Erwähnung: In den tausend deutschen Filialen von McDonald's ist es in der Zeit der stark gehemmten Fleischeslust zu keinerlei Nachfrage-Einbruch gekommen. Logisch, warum soll ein Konzern plötzlich Angst vor Tiermehl haben, wo er doch an Kunden seit langem auch Papierbrei verfüttert? Fast Food. Wie der Name schon sagt: etwas, das man fast essen kann. Heiner Müller sah in den McDonald's-Läden »eine neue Menschenrasse, die begeistert Abfall schlürft«. McDonald's ist die moderne Metapher dafür, dass die Erkenntnisabstrahlung von ökologischen Katastrophenwarnungen verlässlich gering bleibt. Aber just dadurch wird der Konzern zu einer Keimstatt der umweltschützerischen Rettung: Je mehr wir fressen, desto intensiver können wir den Erdball vollkotzen, damit die Oberfläche des Planeten nicht austrocknet. Das entspricht jenem vernetzten Denken, das generell unsere praktische ökologische »Lebenskunst« prägt: Weil zum Beispiel der saure Regen die Wachsschicht der Blätter angreift, ist es gut, dass der Industriestaub darauf eine Schutzschicht bildet. Aber weil dieser Staub die Poren der Blätter verstopft, ist es gut, dass der saure Regen den Staub wieder herunterspült.

CLAUDIA SCHIFFER UND DAS HOLOCAUST-DENKMAL
November 2002

Ich bin die Zugnummer. Aber so funktioniert doch jede Spenden-Gala, ob nun bei Aids oder bei Brot für die Welt.

An der Pforte der Demokratie stand, so Max Frisch, der Engel mit dem kritischen Schwert – ein Wächter über Aufklärung und wahrhaft menschliches Bewusstsein. Dieser Engel achtet auch darauf, dass wir geben. Nachgeben, weitergeben, vor allem: etwas abgeben. Allerdings: Einen Anstoß benötigen wir für solche Eingebung. Aber musste es dieser sein? Das Fernsehen zeigte einen Werbespot, in dem Claudia Schiffer um Spenden bittet – zugunsten des Berliner Denkmals für die ermordeten Juden Europas.

Die Schlingkräfte des Leichten, des glitzernd Mondänen halten unsere Seelen umfangen, und sie schützen uns vor dem Rücksturz ins Dumpfe einer Welt, die im Grunde immer nur wehtut. Demnach orientiert sich auch der Wille, Geld für ein Denkmal zu spenden, nicht etwa an purer Einsicht in eine moralisch-ethische Zuständigkeit des Einzelnen. Nein, die nackte, ungeschminkte Wahrheit, dass Geld her muss, bedarf des geschminkten, gestylten Models. Im Werbespot traf unser Albtraum von der schwierigen deutschen Lage auf den Traum, den uns Stars erfüllen: für kurze Zeit von der eigenen Lage in Ruhe gelassen und ins Geschönte gelockt zu werden. Das Missverhältnis von Werbezweck und Werbemittel wird zusehends obszöner.

Wir werden tatenlos zusehen müssen, wie Afrika stirbt, wenn nicht endlich Dirk Bach und Verena Feldbusch aktiv werden. Es gilt, weitere Bevölkerungskreise aus ihrer finanziellen Schüchternheit zu reißen. Was macht eigentlich Roberto Blanco?

KONSTANTIN WECKER UND DER IRAK-KRIEG
Januar 2003

Ich würde jeden Irak-Krieg-Befürworter, der Opfer für unvermeidlich hält, vor einer Fernsehkamera gern fragen: Opfern denn Sie sich? Wären Sie so frech, meine Kinder opfern zu wollen? Ich kann einer Kriegsgefahr gegenüber einfach nicht sachlich bleiben.

Er lebte stets unvorsichtig gegenüber dem eigenen Ruhm. Der Krieg stand schon fiebernd am Horizont, da reiste er mit der Tübinger Gesellschaft »Kultur des Friedens« in den Irak. Sofort schwappte dem Schwabinger Sänger deutscher Geifer entgegen, als folge er einer Einladung von Saddam Hussein. Denn: Er nannte Bush einen Kriegstreiber, wagte sehr früh die Metapher eines drohenden »zweiten Vietnams«. Die in Deutschland den Ton Angebenden hauten drauf auf den Sänger – der mit seiner Friedensaktion gar nicht aufgefallen wäre, hätte der deutsche Großjournalismus selber Courage gehabt. Aber erst heute reden alle, was sie damals nie zu sagen wagten. Man müsste den Kommentatoren nun, da ihnen das Wort vom US-Debakel wie eine Selbstverständlichkeit aus dem Maul purzelt, die alten Bänder vorspielen, die angejahrten Artikel vorlegen. Wecker war allein, von Häme umspült, und so sah man deutlicher die übrige Welt und die neue Dekadenz: im Meinungsgestöber des Mainstreams der »kritische« deutsche Mensch. Der klagt nicht an, dieser Satte zeigt höchstens den Speck seines betroffen gesenkten Doppelkinns; ein Mensch ohne wirkliche Erschütterung. Die Kultur der gepflegten Diskurse schirmt die hochfeinen Stilisten so wunderbar ab gegen ein wilderes, ehrlicheres Bewusstsein von sich selbst. Das ist die Welt, gegen die dieser Zivilanarchist Wecker ansingt, klavierschwer und federleicht.

WO DIE VOLKSSEELE KOCHT
April 2003

*Die Deutschen sind seit der Einheit überlegter in dem geworden,
was sie aus der Haut fahren lässt.* SÜDDEUTSCHE ZEITUNG

»Des Volkes Zorn nenn ich den Wetzstein der Schwerter!« Ach,
Martin Luther! Statt der Schwerter, gegen die Pflugscharen zu
setzen seien, gibt es nur noch Fluchscharen. Alle maulen, kaum
einer macht das Maul auf. Hinterm Murren der Leute über Miss-
stände: kaum noch ein Zorn, der wirklich zur Handlung triebe.
Doch da: eine Einschränkung! In einer mehrseitigen Zeitungsan-
zeige zur Eigenheimzulage sprach ein bayerischer Marktforscher
im Zusammenhang mit weiteren Streichplänen bei der Wohnungs-
bauförderung vom »Hoffen auf den gesunden Volkszorn«.

So macht der Begriff seine aktuellste Karriere. Zuletzt medial
wahrnehmbar war er, als die deutsche Müllabfuhr streikte. Aber
sonst? Arbeitslosigkeit? Kriegseinsätze? Klimakatastrophe? Oder
jene infame Ideologie, die uns einreden will, Konsument und
Demokrat seien das Gleiche? Zugegeben, böse Verhältnisse – aber
deshalb gleich Volkszorn?

Nein, man darf in Deutschland bestimmten Begriffen nicht durch
inflationären Gebrauch die Würde nehmen. Es ist, als sei der Grat
des Unmuts von der Pendlerpauschale abhängig! Denn wer aus
der Haut fährt, muss ja irgendwann wieder zurück. Brechts Emp-
fehlung, den Finger auf jeden Posten zu legen, nennt sich heute:
Kostenvoranschlag. Die Volksseele kocht gern, aber nur bei Kerner, Lafer, Lichter und Biolek. Es muss erst was zum Himmel stin-
ken, der Müll etwa. Oder das Vaterland muss in besonderer Gefahr
sein. In Gefahr, nicht mehr genügend Bauland für Eigenheime zu
sein. Solch elender Art ist der Zorn, auf den man in Deutschland
noch bauen kann.

PETER HANDKE UND DIE MAIKÄFER
April 2003

*Diese Leute, die den Krieg gegen Jugoslawien scheinheiligst los-
brachen, sagen noch scheinheiliger in den Irak hinein: »Von diesem
Krieg sind wir nicht überzeugt.« Wenn man allein schon dafür vom
deutschen Schriftstellerverband für den Friedenspreis vorgeschlagen
wird, dann höre ich auf. Mein Beruf wird dann Rentner oder Mai-
käfer oder irgendwas.*

Joschka Fischer und Gerhard Schröder sollten, wegen ihrer Ableh-
nung des Irak-Krieges, den Friedenspreis des Deutschen Buchhandels erhalten. Handke beharrt mit seiner Maikäfer-Metapher auf
dem Adel der Literatur – die Friedensstiftung nur betreiben kann,
weil Schriftsteller ohnmächtige Wesen sind. »Ein guter Sieg muss
die Besiegten freudig stimmen – wäre das eine Wahrheit, die in
der Politik möglich ist?« Dieser Autor kennt gegen Politik und
Militär nur Zorn und Verachtung. »Ich ekle mich vor der Macht,
das ist nichts Moralisches, es ist eine Eigenschaft jeder einzelnen
Körperzelle.« Denn: In der politischen Sphäre büßt das Gewissen
schnell seine Substanz ein, da es eine Organisationsform eigenen
Rechts ist, aus der man kein verlässliches Weltvertrauen beziehen
kann.

Was muss vom Werk eines Preisträgers ausgehen? Dass es dessen
Leben riskant macht, ungeschützt. Dass es ihn feit gegen Beteili-
gung an wechselnden Interessenlagen. Denkt man dabei an
Regierende? Der letzte Politiker, der den Friedenspreis erhielt, war
Václav Havel. 1989. Im Jahr der Zeitenwende. Dieser kommende
Staatsmann war da noch – Dramatiker und Dissident.

Der deutsche Buchhandel sollte Handke beschämen und ihm für
seine provokativ poetischen Weltöffnungstexte endlich – den Friedenspreis geben.

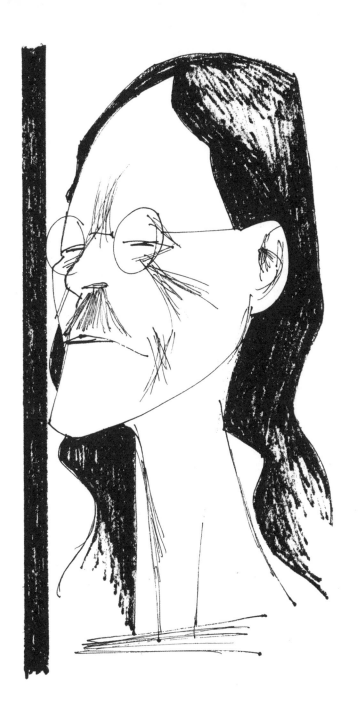

KARL MARX UND DAS ZDF
Dezember 2003

Sicher ist es der Wille des Kapitalisten, zu nehmen, was zu nehmen ist. Uns kommt es darauf an, nicht über seinen Willen zu fabeln, sondern seine Macht zu untersuchen, die Schranken dieser Macht und den Charakter dieser Schranken.

Vermehrte sich etwas rasend, so sagte man früher, es vermehre sich »wie die Pest«. Nun vermehrt sich's wie »The Best«: Das Fernsehen sucht fortlaufend Superstars, nun waren die »Besten Deutschen« dran. Wer das Spiel ernst nähme, müsste schon bei den Ankündigungsplakaten verzweifeln. Boris Becker neben Karl Marx, Verona Feldbusch bei Ludwig van Beethoven. Solche Nachbarschaft ist eine arg hohe Bestrafung für Unsterblichkeit.

ZDF-Moderator Kerner meinte, mittels solcher Umfragen rede man endlich auch über Dinge, über die sonst wenig gesprochen würde im Fernsehen. Da traf er den Nagel auf den eigenen Kopf. Aber er heulte nicht mal auf vor Schmerz.

Die Deutschen kürten Konrad Adenauer zu ihrem »Besten«, Martin Luther und Karl Marx kamen auf die Plätze zwei und drei. Warum Marx? Eine Protestwahl. Vor allem der Osten wählte den Mann aus Trier. Und dies trotz der trüben Volks-Erfahrungen mit jenem Ismus, der sich an den Namen Marx gehängt und ihn verhängnisreich mit Lenin verkoppelt hatte. Aber es macht offenbar Spaß, Westdeutsche mit jemandem zu ärgern, der – aller Irrationalität des Menschen zum Trotz – die proletarische Revolution beschwor. Diese Lokomotiven der Geschichte, die meist auf den falschen Bahnhöfen halten, während der Zug der Zeit verlässlich in die Gegenrichtung fährt.

P.S.: 2008 wurde »Das Kapital« Bestseller just jenes Verlages, der uns Gelegenheit für das vorliegende Büchlein gibt. Marx ist Vorbote einer womöglich bitteren Gewissheit: Der Sozialismus gab zwar vielen den Rest, aber der Kapitalismus nimmt ihn uns.

KLAUS VON DOHNANYI UND DIE ZONE
April 2004

Jenes Gießkannenprinzip, mit dem das Geld in den Aufschwung Ost verteilt wird, hat keinen Sinn. Der Osten ist als eine Sonderwirtschaftszone zu betrachten. Nur Wirtschaftskerngebiete sind zu fördern, eine Spreizung der Löhne ist natürlich unabwendbar.

Der Hamburger von Dohnanyi ist ein politisch Versunkener, hat aber ein unglückliches Talent zur Selbstausgrabung. Eines Tages wollte er also den Osten wieder zur Zone machen. Ein entschlossener Tabubruch: vom Beitrittsgebiet endgültig zum Fußtrittsgebiet.

Aber: Vom Westen fallen gelassen zu werden – welch Aufstiegschance! Endlich könnte die wahrhaft sozialistische Idee getestet werden: Das Bewusstsein bestimmt das Sein – wir haben nichts, aber just das ist unser Reichtum! Freiwilliger Verzicht auf alles, was die im Westen haben, dafür aber Harmonie, Gemeinsinn, weniger Stress, mehr Zeit. Der Ellenbogen wird wieder ein ganz gewöhnlicher, geachteter, ungefährlicher Körperteil.

Und weil Dohnanyis Westdeutsche froh sind, dass sie uns arbeitsscheue Neubundesbürger endlich abschieben können, werden nun sie es sein, die aus Angst vor neuerlich drohenden Solidaritätszuschlägen lieber selber zuschlagen, und zwar die Tür zum Osten. Mit einem Westmauerbau, dem antisozialistischen Schutzwall. Wir unterstützen natürlich den patrouillierenden Bundesgrenzschutz – mit der Einrichtung kommunistischer Plattformen entlang der stacheldrahtigen Strecke. Eine Art ideologischer Selbstbeschussanlage hinein in unser fröhlich verarmendes Land. Auf dass jenes wachsende Heer der Arbeitslosen im Osten regel- und generalstabsmäßig geschult wird. In sinnstiftender wie sinnenfreudiger Lethargie.

JOSCHKA FISCHER UND DIE FÜHRUNGSROLLE
Mai 2004

Wichtig ist, dass die USA ihre moralische Führungsrolle ausbauen.
Das ist auch Deutschlands Wunsch und Bestandspfeiler.

Sponti Fischer im Frack: So sieht die Verbindung aus zwischen
einstigem Steinewerfer und künftigem Steinmeier. Moralische Führungsrolle? Das ist wie ein Gott, der uns alles gibt, nachdem wir
uns aufgaben. Oder wie ein Herrscher, mit dem man nur durch
Unterwerfung in Kontakt kommt. Die Führungsrolle eines Staates
zu beschwören – das gleicht dem Befehl an jemanden, zu lieben.
Auf so ein Gebot reagiert der Mensch widerstrebend. Er spürt,
dass seine Natur diszipliniert werden soll. Dazu muss sie erst einmal schlecht gemacht werden, und weil man sich selber ungern
schlecht macht, tut man es bei den anderen. Die unmoralisch
sind. Die also geführt werden müssen. Zum Guten hin oder gleich
nach Guantánamo. Tragische US-Praxis, der Fischer da hinterher-
leckt: Man erkämpft überall die Freiheit, aber immer kommt dabei
zu viel Herrschaft heraus. Joschka Fischer sprach in Richtung
Washington von führender Rolle wie einst Außenminister Oskar
Fischer in Richtung Moskau. Die Erde dreht sich um die Sonne, die
Welt im Kreis.

Überhaupt: Fischer und Moral! Er stiftete Unzählige zum Tempo-
lauf an, als würde Joggen bald in Joschka umbenannt. In Umlauf
kamen, als er seinen Lauf hatte, unzählige Fotos einer Selbstauf-
zehrung, die ihn dem knittrigen Mr. Bean immer ähnlicher werden
ließen. Die Rücktour zu alten körperlichen Umfängen brachte ihn
endgütig dorthin, wo er mit Leib und Seele schon immer hin-
wollte: in eine wahrlich dicke Führungs-Rolle. Auch wenn er sie
eines Tages verlor, er sieht – für alle Zeiten – so aus.

LUDWIG POULLAIN UND DAS BANK-GEHEIMNIS
Juli 2004

*Wir müssen Gespür für jene entwickeln, die nicht auf der Sonnen-
seite rechtssicherer Dienstverträge stehen.*

Der vierundachtzigjährige Ex-Bankier Ludwig Poullain sollte in
Hannover, zum Abschied eines anderen hohen Bankiers, eine Rede
halten. Er selber war in den siebziger Jahren Chef der Düsseldorfer WestLB, modernisierte den Sparkassen- und Giroverband.
Pouillain fuhr nach Hannover. Er redete nicht. Denn was er auf
der Feierstunde zum Thema »Bank und Ethos« sagen wollte, fanden die Auftraggeber so gar nicht feierlich. Die Wirtschaft fragt:
Warum moralisch sein, so lange die Unmoral nicht mit den Gesetzen kollidiert, und warum Gutes tun, wenn Gier so einträglich ist?
Pouillain fragt anders: Was sei nur geschehen, dass aus der Bitte:
»Gott schütze das ehrbare Handwerk« der Banken ein bitteres
Volksflehen wurde: »Gott schütze uns davor.« Manager wie Ackermann vor Gericht? Der falsche Ort, Immanuel Kant weise woanders hin: »Der Gerichtshof ist im Innern des Menschen aufge-
schlagen.« Aber diese Gegend kennt ein Ackermann nicht.

Pouillain hält die soziale Marktwirtschaft nicht nur für den »Gene-
rator« der Gesellschaft, sondern auch für »ein ethisches Korsett«.
Das wahre Bank-Geheimnis. Alle halten es unter Verschluß.

Die Rede eines Alten, als stünde der traumblutjunge Marquis von
Posa vor König Philipp: »Sire, geben Sie Gedankenfreiheit.« Aber
schon Redefreiheit war hier zu viel an Forderung. Welch Schluss-
Satz eines Managers – der sich Bankier nennt, nicht Banker! – an
seinesgleichen, ein Satz, der aller Anfang wahren Aufschwungs
wäre und deshalb in Chefetagen so belächelt bleibt: »Öffnet eure
Gesichter!«

WOLFGANG CLEMENT UND DIE MONTAGSDEMO
August 2004

Montagsdemonstrationen gegen Hartz IV und damit gegen die Agenda 2010, das ist ein Missbrauch des einstigen Protestmittels gegen das Regime der SED.

Die Schöpfung geschah nicht durchdacht. Sieben Tage für die Ewigkeit, aber erhebliche terminliche Engpässe für den öffentlich vorgebrachten Bürger-Unwillen. Carpe diem! Aber welchen? Der Wirtschaftsminister der SPD wehrt sich gegen den Montag. Und Dienstag? Zu gefährlich. Auf einen Dienstag fiel der 11. September 2001. Wie leichtfertig käme Demonstrierenden über die Lippen, der Staat terrorisiere sozial Schwache. Mittwoch? Im Schöpfungstext der dritte Tag. »Dann sprach Gott: Es sollen sich die Wasser unterhalb des Himmels an einem Ort sammeln. Damit das Trockene sichtbar werde.« So also ward Franz Müntefering erfunden – auch mit Kundgebungen ist da nichts mehr zurückzudrehen. Donnerstag? Das war, im Februar 1897, der Geburtstag von Ludwig Erhard. Wer bekennt sich noch freiwillig zur sozialen Marktwirtschaft? Freitag? Der ist schwarz. Seit der Weltwirtschaftskrise. Kein gutes Omen. Samstag? Nie! An einem Samstag, dem 23. Mai 1863, wurde die SPD gegründet. Hätten die damals nicht das gute Manchester des Kapitalismus zerlöchert, müsste es Rot-Grün jetzt nicht mühsam wieder flicken. Sonntag? Wurde die Mauer gebaut. Das wäre ein Wink mit dem Betonpfahl – angesichts einer Agenda 2010, welche zwischen denen, die haben, und denen, die das Nachsehen haben, aber viel Einsehen zeigen sollen, immer dichtere Grenzen macht. Schon ist die Woche rum.

Warum haben sich die Menschen in Diktaturen alles gefallen lassen? Das war die Frage des alten Jahrhunderts. Warum lassen sich die Menschen sogar noch in der Demokratie zu viel gefallen? Das darf nicht die Frage des neuen Jahrhunderts sein. Warten wir doch wieder den Montag ab? Abwarten wird nicht helfen.

ELFRIEDE JELINEK UND DER NOBELPREIS
Oktober 2004

Der Preis ist eine Rache an Österreich, das mich hasst, weil ich Österreich hasse. Und ich hasse Österreich, weil es zu einem Zeitpunkt deutsch sein wollte, den es leider vergessen hat. Wobei ich nicht sagen könnte, jetzt sei es erbaulicher, deutsch sein zu wollen.

Das Werk dieser Dichterin kommt aus dem Jahrtausend der befreiten Frau, das noch nicht anbrach. Ihre Theaterstücke sind Textflächen, die wie tektonische Platten gegeneinander reiben. Wer sie inszeniert, kann diese Stücke nicht lieben, man muss wohl eher einen Kampf aufnehmen, die Autorin als Feindin, Theater gegen Literatur – wer wirft wen in den tieferen Abgrund?

Böse Fantasien schreibt sie, wider Verklemmung und Verdrängung, wider das Männliche, jene aggressive Maske einer seelischen Verödung, bei der Leistung, also Krieg, zur Religion erhoben wird.

Aber wenn sie, nach Uraufführungen ihrer Stücke, auf eine Premierenbühne tritt, besitzt sie kaum das Image der Feministin. Nicht zu fassen, diese Frau; gern ist sie, mit provozierend scheuer Gestik, eine Niemand. Noch vor Jahren, als Haider aus Kärnten machtpolitisch nach Wien drängte, behandelten Wahlplakate der Rechten die Ex-Kommunistin Jelinek und jetzige Nobelpreisträgerin wie eine Entartete. Aber das traf ihren Sinn von Dichtung: der hohe Grad an Abneigung, den Poesie auslösen muss. Der Nachhall von Goethe bestünde darin, so hat Peter Handke einmal gesagt, dass jedes Arschloch ihn liebe. Das ist der Jelinek nie widerfahren. Aus ihren Texten blickt das blasse Gesicht eines zornigen Georg Büchner.

Ihre soziale Herkunft bestätigt, wo die wahren Rebellen ausgebildet werden – im Kloster.

ROLF HOCHHUTH UND DER TYRANNENMORD
Januar 2005

Nicht die Staatsform löst eine Diktatur aus, sondern die Macht.
Heute ist das die Macht der Wirtschaft. Wir brauchen einen Che
Guevara Europas!

»Die FAZ lehrt A.'s rechtlose Opfer als ›Umbau‹ tarnen!/ Tritt A.
nur zurück wie Geßler durch – Tell?/ Schleyer, Ponto, Herrhausen
warnen.« So lautet ein Vers aus einem neuen Stück von Rolf
Hochhuth. Gemünzt auf den Deutsche-Bank-Manager Ackermann
und jene mögliche Gewalt, die der Zorn gegen ihn auslösen
könnte. Zorn wegen eines maßlosen Arbeitsplatzabbaus (»Umbau« genannt) bei gleichzeitig maßlosen Gewinnen und kriminell
hohen Prämien, die der Deutsche-Bank-Chef kassierte. Hochhuth
fragt nach dem schützenden, richtenden Staat. Wo der versagt,
sieht er die Gefahr des individuellen Rächertums. So steht sein
Stück ganz in der Tradition von Jüngers »Waldgang«, für Hochhuth eine Magna Charta des zivilen Ungehorsams. Waldgänger
heißt: unter die Räuber gehen, wenn der Staat das öffentliche
Wohl, für das er zuständig ist, selber untergräbt.

Ein Dramatiker wagt gnadenlos einseitiges Denken – bis hin zum
Tyrannenmord. Keine Epoche, so Hochhuth, komme ohne Tell-Tat
aus. Er erinnert an die Hitler-Attentäter, an die Tschechen, die
»Hitlers Landvogt« Heydrich töteten, und er findet am 17. Juni
1953 »deprimierend, dass kein Tell-Schuss Ulbricht mordete«.
Vom Rütli zur Treuhand: »Was war Geßler gegen Schäuble, der die
DDR verkaufte?«

Tyrannenmord? Sofort schäumten die Sachwalter der Großindus-
trie: »Aufruf zum Töten!« Die Deutsche Bank erwog Anzeige. Ließ
es aber. Schade. Manchen wünscht man nur noch Gerichtstermine.
Einzig Kunst macht verlässlich jenen den Prozess, die draußen
immer gewinnen. Aber, o Teufelskreis: Ins Theater geht ja nur,
wer auch im Leben die besseren Karten hat.

HEIDE SIMONIS UND DER VERRÄTER
März 2005

*Ich bekomme keine Stimmenmehrheit, es werden alle möglichen
Konstellationen durchtheoretisiert, für diesen feigen Verräter in
meiner Partei hat man sogar Verständnis ... Schweinerei ... und
wer denkt an mich?*

Schweinerei, Feigheit – so trifft es den unerkannten SPD-
Abweichler von Schleswig-Holstein, der mit seiner Stimmverwei-
gerung »hinterrücks« dafür sorgte, dass Simonis bei der Landtags-
wahl nicht wieder zur Ministerpräsidentin gewählt wurde.
Diskussionen um den Ehrbegriff finden im politischen Alltag nur
noch statt, wenn die Regeln spektakulär verletzt werden.

Was heißt so eindeutig: Verrat? Wir leben vom Verrat. Mit jedem
Arbeitstag verraten wir die Sehnsucht nach der ganz anderen
Existenz. Mit jedem Ja verraten wir ein Nein, mit jeder Liebe den
Traum von der Liebe. Jede praktizierte Idee verrät die Idee. In
Kiel vermied jemand Offenheit, weil die nicht karrierefördernd ist
– zugleich demonstrierte er freilich, dass ihm Karriere wichtiger
ist als Offenheit. Wo »Abweichler« zum Stigma wird, zieht sich
die Gegenmeinung in den Anonymus zurück, und der kritische
Gedanke muss Hintergedanke bleiben, geschützt durch eine
geheime Wahl – irren ist menschlich, lügen demokratisch.

»Bevor der Hahn kräht, wirst du mich dreimal verleugnen.« Bei
Frau Ministerin waren's vier Wahlgänge, wer vor Freude krähte,
war die CDU.

Auch vierzig Jahre DDR waren Jahre des frechen Traums von der
heimlichen Gegenstimme. Und so muss die »Feigheit« des Kieler
Abgeordneten all jene milde stimmen, die um die Schwierigkeit
wissen, unter Druck bei der eigenen Meinung zu bleiben – zumal
diese Meinung ein Angriff aufs Regierungsoberhaupt aus der eigenen Partei wäre. Schlimm nur: Jene Furcht, die man in der SED
vor Honecker hatte – man kann diese Furcht offenbar auch unter
westdeutschen Verhältnissen haben.

HORST KÖHLER UND DIE KINDERARMUT
Mai 2005

Bei der Bekämpfung von Kinderarmut in Deutschland muss endlich ein Umdenken einsetzen.

Die Sprache der politischen Praxis hat manische Angst vor der Wahrheit. Sie darf nicht siegen, sie formuliert nur um. Und trotzdem werden Politiker in dem, was sie vielsagend verschweigen, stets kenntlicher, als ihnen lieb ist. Dass bei der Bekämpfung von Kinderarmut umzudenken sei, klingt kühn. Ist es auch. Denn das Unverschämte hat seine ganz eigene Kühnheit: Der Bundespräsident stellte doch tatsächlich fest, Kinderarmut mache sich nicht nur an den elterlichen »Zahlbeträgen von Sozialhilfe und Arbeitslosengeld« fest; nein, Kinder könnten auch arm sein, weil – wir fügen ein: wie überraschend! – sie keine Kita besuchen könnten, schlecht ernährt seien oder ihnen Schulbücher fehlten. Da ist einer schon so lange christlich-sozial und erfuhr offenbar nie wirklich, woran man Armut erkennt. Das ist die Blindheit jener Hohen, die der Politzirkus mit Parteivolk umstellt, das Volkspartei spielen muss. Von Volksnähe keine Spur – bis das Erstaunen darüber einsetzt, was das Volk so für Sorgen hat. Aber endlich scheint sogar Köhler zu ahnen, dass nicht nur jemand wie Starmodel Kate Moss an mangelhafter Ernährung leiden kann. Zum Glück ist Herr Köhler flexibel, er kann ja, wie er sagt, umdenken. Irgendwann wird man ihm sagen, dass Arbeitslosigkeit von fehlender Arbeit komme. Dann muss er schon wieder umdenken. Geplagter Präsident. Mancher muss viel tun fürs Armutszeugnis.

November 2005

Ich möchte mit Leidenschaft regieren.

Der Hosenanzug setzt alles Weibliche vernichtend aufs Spiel.
Angela Merkel ist also selbst schuld, wenn politische Gegner mei-
nen, fortan sei für Deutschland Gefahr im – Anzug. Die Emanzi-
pation hat es bis ins Kanzleramt geschafft. Oder doch nur die
Emannzipation? Weil nicht sehr fraulich sein kann, wer stärker ist
als Kohl, Koch, Merz. Nun, auf einem Foto, auf dem Michael Glos
Frau Dr. Merkel einen Handkuss gibt, lächelte sie jedenfalls; der
Mensch wird automatisch schöner, wenn er nicht dauernd nur
Stoiber neben sich hat.

International ist Schluss mit den saugnapfigen Breshnew-Küssen
an Gangways und Rändern roter Teppiche. Was jedoch wird mit
den berühmten Tritten gegen Fußbälle? Kohl und Schröder, die
bei jeder Gelegenheit mit bubeninnigem Eifer ehrenanstößig wurden – sie lieferten am Ball erschütternde Selbstoffenbarungen
einer unheilbaren motorischen Störung. Hoffentlich erfährt Merkel
rechtzeitig, dass Ballack kein Schutzanstrich fürs runde Leder ist.

Dass ein Mensch, der in früher Lebenszeit die blaue Bluse des
Jugendverbandes trug, nun einen deutschen Staat lenkt, das war
zuvor nur Honecker, Krenz und Modrow beschieden. Wir kennen
das Ergebnis. Wer aber dieses FDJ-Abzeichen in Merkels Lebenslauf zu schrill und penetrant ausdauernd als Vorwurf bemüht, der
wehrt sich gegen die Wahrheit, dass erzwungene Anpassung in
einem Staat und aktive Teilnahme an einem Staat auch bei einer
Oberschülerin ein wunderbar unerforschliches Gemenge bilden
können. Nun darf die FDJ-Sekretärin Kanzlerin, und einige SED-
Genossen dürfen Opposition sein. Die Geschichte ist eine perfid-
witzige Kupplerin.

Ein paar Tage vor ihrer Wahl kündigte die Frau aus der Uckermark
nicht nur an, mit Leidenschaft regieren zu wollen, sondern auch
»möglichst fröhlich«. Mit anderen Worten (o Wahrheit bis
heute!): Das kann ja heiter werden.

... gebe ich den Parteivorsitz ab.

Ein Schwenk in einer Partei kommt öfters vor, die SDP aber steckt tief im Schwank: Jemand hat das Tor, das doch hin »zur Sonne, zur Freiheit« geöffnet werden soll, mit einer Drehtür ausgetauscht – fortwährend weht es jeden Vorsitzenden wieder hinaus, der doch gerade erst hereinkam. Eines Tages ging auch Müntefering. Er kam nicht mit dem Schicksal klar, Ex-Kanzler Schröder überleben zu müssen. Selten schafft von einem Duo einer die Solokarriere. Herricht und Preil. Oder Siegfried und Roy. Bei denen biss ein Tiger zu. Hier war's Andrea Nahles. Sie verhinderte den Generalsekretär, den sich Müntefering gewünscht hatte.

Er war der einzige Gewinner der verlorenen Wahl: Vizekanzler! Nahezu der einzige Unbeschadete der Rot-Grün-Riege. Aber zugleich der große Bestrafte. Die Strafe: Spagat. In der neuen Regierung sollte er weiterhin radikaler Reformer sein und doch gleichzeitig, als Parteichef, den Genossen eine neue Idee bieten. Oder sie wenigstens verkünden. Womöglich sogar, zur Abwechslung, wieder mal eine sozialdemokratische Idee. Das Dilemma der SPD: milieutreu zu sein, aber auch offen für den allgemeinen Trend zum Wechselhaften. Es ist dies das Problem, das Volksparteien automatisch in Parteien wandelt, die dann so sind, wie das Volk ist. Wie es sein muss. Verurteilt zur Flexibilität, die form- und ausdruckslos macht. Zweischneidigkeit als Ethos. Für die größte Umwälzung, an der die SPD maßgebend beteiligt ist: Was oben ist, bleibt oben – was unten ist, sinkt nur noch tiefer.

Frostzeiten für die Politik: Die Personaldecke ist dünnes Eis. Ganz vorn sitzen die Alten und behaupten, sie bereiteten gerade den Generationenwechsel vor. In der Hoffnung, sie überstehen ihn. Freilich bestünde die eigentliche Bewährungsprobe darin, vom Rücktritt nicht wieder zurückzutreten – aber auch Müntefering wird sein Comeback haben. So bleibt es ein kühner Traum: Im Bundestag sitzen mehr und mehr Abgeordnete, die ihrer höheren Posten entledigt sind. Stille Hinterbänkler als wahre Volksvertretung.

GERHARD SCHRÖDER UND DIE ZEIT DANACH
Dezember 2005

Nennen Sie mich ruhig einen Handlungs- oder Vortragsreisenden. Ich werde freier als bisher sein, vielleicht auch stiller, aber der Name Schröder – Sie kennen mich – wird so schnell nicht vergessen sein.

Handlungsreisende sind eine unglückliche Sparte: Sie verkaufen betont freudig etwas, worüber sie weinen müssten – ihre eigene Würde. Der Volksvertreter dagegen ist von unverbrämter Heiterkeit beseelt: Er verkauft zwar nichts, weil er meist nichts zu bieten hat – aber dafür ist er umso käuflicher. Wenn das Volk ihm eines Tages keine Stimme mehr gibt, erhebt er die seine mit neu belebter Vehemenz: Der Vertreter wird Vortragsreisender. Ex-Kanzler Schröder etwa. Weltweit hält er Vorträge für die New Yorker Agentur Walker. Bisher ging der Tag, und »Johnnie Walker« kam. Jetzt geht der Tag auch, aber Walkers Schröder kommt. Das macht kein Whisky wieder wett. Worüber wird er reden? Über Politik als Kunst, für viele möglichst wenig zu tun, aber für wenige möglichst viel. Und Memoiren kommen! Ein Buch folgt seinem Autor: Es wird sich gut verkaufen. Der Verlag wirbt schon: Schröder wolle immer wieder Grenzen an den Horizont schieben und nur auf seine eigene Stimme hören. Man möchte sich das eine nicht bildlich, das andere nicht akustisch vorstellen. Schon mancher ging horchend in sich, und es blieb davon nur eine Vermissten-Anzeige.

Erst dies wäre ein Sieg der Politik: ein Staatsmann, der sich nicht schon Sekunden nach seinem Abgang, aufwendig inszeniert, in Erinnerung bringen muss – damit er noch für ein paar weitere Sekunden in Erinnerung bleibt.

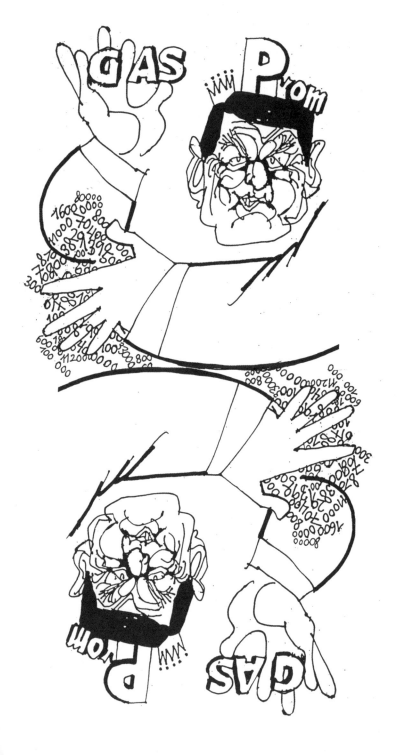

VERSCHNAUFPAUSE UND GAMMELFLEISCH
Dezember 2005

Die Wahl zum Wort des Jahres trägt einer geschichtlichen Sensation Rechnung. ARD-TAGESTHEMEN

Das Wort des Jahres heißt Bundeskanzlerin. Es siegte vor: »Gammelfleisch.« Man kann von einem Kopf-an-Kopf-Rennen der Begriffe sprechen und nur hoffen, dass es nicht zu Verwechslungen kommt.

In den Jahresbilanzen einiger Soziologen und Philosophen war der führende Begriff allerdings ein anderer – er stammt von Continental-Chef Manfred Wennemer: »Verschnaufpause.« Das Wort kennzeichnet erschreckend ehrlich die Lage. Es meint den Zustand, in dem sich Arbeitnehmer befinden, wenn sie noch Arbeit haben. Der noch unentschiedene Zustand beim Tarif-Poker oder beim Aushandeln von Arbeits-Bündnissen – ja, alle Bündnisse von Arbeit selber, überhaupt alle Job-Vereinbarungen sind: Verschnaufpause. Das Wort assoziiert eine paradoxe Wahrheit: Die Arbeit selber ist Pause geworden – was aber wurde zur eigentlichen Haupttätigkeit? Jener Atemnot produzierende Kampf um den Job, das Erlernen von Anpassungstechniken im Dschungel des fortwährenden Strukturwandels. So lange das Management die nächste schlimme Nachricht über Maßnahmen zur Gewinnoptimierung noch nicht bekannt gegeben hat, darf die Belegschaft, tapfer und furchtsam weiter arbeitend, alle Ungewissheit als Geschenk empfinden, das man, noch einmal – Verschnaufpause nennt.

So ähnelt der Arbeitende dem Soldaten, der im Schützengraben nach Luft schnappt. Der nächste Angriff kommt, der nächste Schuss kann dich treffen. Arbeit, noch immer wesentlicher Existenzmotor, als Pause: Die Gewohnheit gewordene Sinnverdrehung von Arbeitgeber und -nehmer erklimmt damit eine neue Stufe.

Wer Guantánamo überlebt, hat ein Asylrecht in unserem Gedächtnis.

Ein Journalist gilt kaum als Freund des Journalisten. Aber manchmal ist es gar zu banal, was dem gegenseitigen Respekt die Chancen nimmt – Neid war noch niemals ein Vermittler. In einigen Fällen aber zielt weit tiefer, was Angriffe gegen Kollegen hervorruft. Roger Willemsen interviewte Ex-Häftlinge des US-Straflagers Guantánamo, RTL sprach daraufhin von »Großmannssucht im politisch angemaßten Auftrag«, und die FAZ nennt die Gesprächssammlung ein »richtiges Buch zum falschen Zeitpunkt«. Denn: Längst koste Kritik an den USA nichts mehr, und es müsse doch nicht um Lebensberichte von früher, sondern um jetzige Zustände im Lager gehen. Wer dieser Logik folgt, straft den erzählerischen Wert von Erfahrungen Lügen und leugnet die tiefe Wirkung von Erlittenem auf den weiteren Verlauf jedes einzelnen Lebens. Was heißt, Kritik an Washington erfordere nun keinen Mut mehr? Das ist schon Teil des Übels: dass man Kritik, also arbeitende Vernunft, überhaupt zu einer Frage des richtigen Zeitpunktes erklärt – und selber doch diesen Zeitpunkt blamabel verpasste. Gegen Willemsen zeigte sich, zu welcher Aggressivitätie deutsche US-Hörigkeit hochfahren kann.

Willemsen, heißt es, nehme den Mund zu voll. Demnach soll einer die Steine, die er durchs Glashaus wirft, auch noch ohne viel Aufhebens schlucken. Als sei schon dies ein Beweis von Demokratie und Meinungsfreiheit: über das Schlimme – ganz offen natürlich, und also sehr mutig – zu schweigen.

MATTHIAS PLATZECK UND DIE BELIEBTHEIT
Juni 2006

Ich sei im Osten beliebter als Angela Merkel? Was habe ich falsch gemacht?

Platzecks Beliebtheits-Befund ist nicht Ergebnis eines Umtrunks, wie man zunächst vermuten könnte, sondern einer Umfrage. Das ist aber egal, denn auch die meisten dieser unnützen, vom Bund unterstützten Meinungsforschereien wirken ziemlich benebelt und müssten also durchaus angezeigt werden – wegen Trunkenheit am Steuerzahler.

Dass diese Umfrage kurz vor der Fußball-Weltmeisterschaft in die Öffentlichkeit lanciert wurde, markierte einen späten Sieg der Sozialdemokratie. Hatte doch Müntefering im Bundestagswahlkampf 2005 wörtlich erklärt: »Frau Merkel spielt zweite Liga. Die kann das Regieren nicht.« Bald darauf aber war auch er äußerst fleißig mit dem Gleichen beschäftigt – da ist den Ostdeutschen ein Platzeck offenbar lieber. Der hört am Ende sicherlich auch nicht auf seine Wähler, aber immerhin kann er zwischendurch das, wozu kaum ein Politiker imstande ist: aus Überlastungsgründen aufhören. Besonders die Brandenburger honorieren, dass ihr Deichgraf nicht nur viele Sandsäcke, sondern sogar auch den Parteivorsitz niederlegen kann. Soll doch ein anderer die SPD weiter in den Sand setzen.

Der regierende Potsdamer hat oft einen Dreitagebart, und auch Angela Merkel sagt dauernd, sie strebe Wachstum an. Aber, wie man sieht: Das geht bei Platzeck einfach schneller.

Juli 2006

Erstmalig wurde ein Gletscher der Alpen mit Spezialfolie vor dem Abschmelzen geschützt. DEUTSCHE PRESSE-AGENTUR

Eine Verhüllung, aber kein Werk von Christo und Jeanne-Claude; längst muss die Kunst ihre Ideen an die Wirklichkeit abgeben. Heiner Müller lässt in seiner »Hamletmaschine« das Foto des Autors zerreißen: »Meine Worte haben nichts mehr zu sagen ... Mein Drama findet nicht mehr statt.« Da war ihm mit dem Untergang des Sozialismus gerade der Weltstoff verloren gegangen. Volker Braun erinnert in seinem Stück »Was wollt ihr denn« an das blutige Geiseldrama im Moskauer Musical-Theater: Die Realität besetzt die Bühne und zeigt der erblassenden Kunstwelt, was Sprengkraft ist. Der Terrorismus streitet mit der Naturkatastrophe um die Urheberrechte der neuen Weltkomödie, deren Irrwitz selbst einen Shakespeare in den Ruhestand schickt.

Folien verhüllen Gletscher und Gipfel, aber deren Wahrheit tropft durch: Es geht mit uns, nicht nur dort oben, weiter bergab.

Ich bin fast verrückt geworden. Da standen Sachen drin über Leute, denen ich noch nie begegnet bin, da soll ich über Leute geredet haben, die ich gar nicht kannte.

Wäre diese Künstlerin, nach ihrem Tod, medial in gleicher Weise gedacht worden, nämlich so beflissen erregt, wenn es diesen verfestigten, hässlichen Konflikt um ein angebliches IM-Leben nicht gegeben hätte? Nach weitgehender Stilllegung aller Anwürfe war dieser Konflikt noch einmal entfacht worden durch Gröllmanns ehemaligen Mann Ulrich Mühe. Hauptdarsteller im aufwühlenden Film »Das Leben der Anderen«; selber wohl aufgewühlt, ja infiziert vom giftigen Stoff und dem Drang nach Klarheit auch im eigenen Lebensfeld. Ein Wühlen zwischen geöffneten Akten und offenen Wunden; keuchendes Aufatmen, endlich nicht mehr gebunden zu sein an Gesetze eines geschlossenen Systems von Willkür und Unrecht. Nur wurden damit Jenny Gröllmanns Kräfte – auf objektiv so unglücklich grausame Weise – in einen zweiten Kampf getrieben, in einen Verteidigungskampf neben jenem Lebenskampf, den sie dem Krebs entgegensetzen musste. Was am Ende dieser Tragödie in öffentlichen Berichten aufeinanderprallte, waren nur noch Aufarbeitungsstrategien, politische Glaubensrichtungen. Aber wer von außerhalb hat überhaupt das Recht eines Urteilsspruchs!? Die Mediengesellschaft mit ihren ständigen Fütterungen, wie man hungrige Raubtiere füttert, macht die Menschen frech, sie entwickeln einen Instinkt für Beute und nennen es Recht auf Information.

Die Schauspielerin Gröllmann: Es lag in ihrem Wesen etwas Sanftes, das sich mit graziöser, kecker Distanz zu panzern wusste. Wie schwunghaft hingerissen dieses Leben, später dann weit stiller, und am Ende die Wahrheit aller Wahrheiten: Es blieb nicht verschont. Wie das des großen Ulrich Mühe, der 2007 starb, ein Jahr nach ihr.

GÜNTER GRASS UND DIE ERINNERUNG
August 2006

Das musste raus, endlich.

Günter Grass war, siebzehnjährig, bei der Waffen-SS. Zu lesen in des Autors Erinnerungsbuch »Beim Häuten der Zwiebel«. Das Neue ist das ewig Alte: wie ein Mensch erst mählich wissend wird – man rutscht über naiven Glauben, über das Inhalieren von Propaganda und auch über reichlich blinde Zufälle ins Unglück. Wir sind gefangen in der Zeit, die Zeit wirft uns, wir stolpern herum, erst sehr viel später reibt der Mensch sich die Augen.

»Es ist eine Binsenwahrheit, dass unsere Erinnerungen trügerisch sein können.« So Grass. Wohl wahr. Aber die (deutsche) Welt macht Unterschiede. Dem einen lässt sie viel Muße, die Fleckstellen und Trugbilder seines Lebens auf sehr eigene Weise selber zu korrigieren; anderen wird Vergessen oder Verdrängen, Schweigen aus Angst oder Leichtsinn unerbittlich als bewusste Verheimlichung nachgetragen und die Gedächtnisschwäche als bewusste Täuschung unterstellt. Mit welch moralgesättigter Fraglosigkeit wurde in den Biographien von Christa Wolf, Stefan Heym, Bernhard Heisig, Monika Maron herumgeklaubt? Der anmaßende Duktus, mit dem da der Westwind fauchte, ließ kaum an solch ein Verständnis denken, wie sie Grass – berechtigterweise – für sich forderte und größtenteils auch erfuhr.

Was bleibt, ist eine Bekräftigung: vorsichtig zu sein. Nichts ist untiefer als die eigene Biographie. Wie sagte Brecht? »Sollen andere über ihre Schande reden, ich rede über meine.« Die Anlässe, endlich zu reden, erweisen sich irgendwann als identisch mit den Anlässen, lieber geschwiegen zu haben. Das Leben hat für den Wechsel von einem zum anderen aber offenbar nur immer die falschen Zeitpunkte parat.

SHAKESBIER UND BRECHTS BAHLSEN
Dezember 2006

Dass die Kunst auf diese Weise nach Brot geht, gehört auch im deutschen Land der Dichter und Denker zur unumgänglichen Lektion im Lehrfach Globalisierung. HAMBURGER ABENDBLATT

Goethe: Hier bin ich Mensch, hier darf ich's sein. Ein Grund, warum man ins Theater geht. Theater ist Gegenwelt, aber was kann es gegen die Welt ausrichten? Die dringt ungefragt ein. Eine Hamburger Bühne war die erste im Lande, die einen Konzernnamen erhielt. Sponso-Ring? Wohl eher Knebel. Mit jedem neuen Logo stirbt Eigensinn. So erkennt man die nackte Wahrheit: Sie trägt Uniform.

Trübe politische Erfahrungen per Konzern-Werbung liegen vor. Mit Wodka Gorbatschow wurde der Sozialismus aufgeweicht. DDR-Bürger folgten leichtfertig dem Aufruf »Test the West« – was sie nun auf freiem Marktgelände erleben, ist starker Tobak.

Die Menschheit machte mehrere Stadien durch, das letzte, dachten wir, seien die Fußballstadien – benannt nach Wirtschafts- und Versicherungsgiganten. Aber die Kunst zieht nun also nach. Vielleicht bringt's Aufschwung, etwa fürs »Kindl«- und Jugendtheater. Opernhäuser sollte nur übernehmen, wer – wie zum Beispiel »Lidl« – musikalische Anklänge vorweisen kann. Klar muss dieser neue Kurs auf die Spielpläne übergreifen. Wachsende Sprachverschluderung auf den Bühnen arbeitet dieser merkantilen Moderne gut zu: Elektra wird doch von vielen Schauspielern längst schon so ausgesprochen, dass man im zweiten Rang eh nur noch »Edeka« versteht. Baal ist bei dieser Praxis schnell »Bahlsen«. Und war es nicht Euripides' unglückliche Ikea, die ihre beiden Kinder tötete? Weil »Burger King Lear« harte Kost ist, wächst der Durst – bald hält man Shakesbier für ein Sponsoring des Getränkehandels. Irgendwann dauert jede Inszenierung fünf Stunden, denn zwischen den Szenen laufen Werbespots, arbeitslose Schauspieler gibt es genug. Was Dichter verkünden, steht im Dienst des Kunden. So erst wird Goethe wirklich ein Klassiker: Hier bin ich Mensch, hier kauf ich ein.

GÜNTHER OETTINGER UND SEIN FILBINGER
April 2007

Ich habe die Wirkung meiner Worte nicht bedacht und nehme sie zurück.

Baden-Württembergs Ministerpräsident Oettinger nannte einen seiner Vorgänger, den erwiesenen Nazi Filbinger, an dessen Grab einen Gegner des NS-Regimes. Er wich nach öffentlichem Druck von dieser Meinung ab. Wahrscheinlich verlässt Oettinger nun bald sogar die CDU, deren Mitglied der ehemalige Nazirichter war. Man nennt solchen Vorgang: Wiederherstellung der politischen Korrektheit. Der Landesregent nahm sich zurück, um nicht zurück-treten zu müssen. Er zeigte Einsicht. Aber: Erst jetzt ist er als führender Politiker ehisch untragbar geworden.

Denn: Es darf doch vermutet werden, dass der Mann sich genau überlegt hatte, was er in seiner Trauerrede ausdrücken wollte. Kaum eine Wochenfrist fürs Umschalten – und alle Welt ist zufrie-den. Politik als angewandte Sprache: Man ruft sich Stanzen zu, es müssen nur die handelsüblichen Stanzen sein. Keiner ist daran interessiert, was ein Oettinger denkt, jeder ist daran interessiert, dass er das Abrufpflichtige sagt. Von nun an liefen zwei Oettin-gers herum: der kalkulierend Zerknirschte und der andere, der die anstößige Trauerrede gehalten hatte. Der eine lernte vom andern, dass man nicht vorsichtig genug sein kann. Mehr als dies muss nicht gelernt werden: die gute Figur beim Einknicken – Oettinger, wabbelig wie ein Produkt von Oetker. Ein Wechselbalg der kon-junkturellen Tabubewahrung; aus Politikern dürfen viele Stimmen sprechen, nur nicht die eigene.

Dieser Bundeslandesführer verlor sein Gesicht in dem Moment, da er sich krampfhaft bemühte, es zu wahren. Seither sieht er aus wie viele. Das wirkt so ekelhaft, dass einem der reuevolle Politiker noch unangenehmer ist als jener Niveaulose, der Filbinger in Schutz nahm.

KURT BECK UND DIE TALIBAN
Mai 2007

Ich finde es an der Zeit, auch Gespräche mit den Taliban zu führen.
Frieden ist keine Einbahnstraße, er bedeutet schwere Wege, die viel
Kraft und Überwindung kosten können.

Hätte man sich das je vorstellen können? Zur Besänftigung der
Lage ein Gespräch zwischen Thälmann und Hitler? So wenig denk-
bar wie ein Treffen von Bush und Osama Bin Laden. Unmöglich.
Denn es wäre um ein radikales Denken gegangen. Das aber in
praktischer Politik als total irrig gelten muss, weil es – und sei es
nur für einen einzigen Moment – alles Betonierte im politischen
Mechanismus außer Kraft setzen würde.

Das Aushebeln der Fundamentalismen, ein absurder Traum. Nah-
rung erhielt er durch sofortiges Gezeter um die Idee des SPD-Poli-
tikers Beck, die Taliban in einen Friedensplan für Afghanistan
einzubeziehen. Das wär's doch. Von eigenen Überzeugungen nicht
geleitet, sondern überrascht werden. Sich selber ins Weltbild fallen. Brücken bauen, die beim Vormarsch brechen können – und
dennoch voranbringen. Statt ewiger Gewissheit: Schwächebeweise
erwünscht. Und zwar öffentlich. Die neue Umgangsart: Porenöff-
nung vor Porenverschluss. Wer aber fängt an, unsere so gloriose
Verabredetheit in den gegenseitigen kriegerischen Verhärtungen
aufzukündigen? In Becks Vorschlag keimt diese Frage – in der
empört ablehnenden Antwort aller Parteien wuchert die elende
alte Arroganz.

In dieser möglichen, unmöglichen Aufkündigung des Bisherigen
lag übrigens eine Hoffnung des 12. September 2001: Nach dem
Anschlag in New York alles auf Anfang!, alle (!) Feinde an einen
Tisch! Jeder fragt jeden: Was nun, was tun? Dass die schöne Utopie des heilsamen Schocks zerstob, dies machte gleichsam den
12. September, einen Tag verpasster Zukunft, verhängnisvoller als
den 11. jenes Monats.

Nun kitzelte Beck den Beton. Der Beton kann nur frostig lachen.
In der Verteidigung solchen Eises liegt die Klimakatastrophe.

DER SCHWARZE BLOCK UND UNSER ZORN
Juni 2007

Die Politikergesichter verblassen, und ein neues Subjekt gewinnt Kontur. Es hat kein politisches Bewusstsein, es ist hässlich und böse, sein alter Verwandter ist der Aufruhr, der auf dem Krankenbett liegt. Dieses neue Wesen ist vermummt, aber es zeigt sich da trotzdem ein Gesicht, das man gut studieren sollte. NEUES DEUTSCHLAND

Schwarz wirkt. Stärker als Bunt. Aber Bunt verbreitet Fröhlichkeit. Also drängte sich in die Demonstrationszüge gegen den G-8-Gipfel von Heiligendamm eine Stimmung, die den Schauder des Volksfestes nicht vermeiden konnte. Von »Faschingsfarben« war die Rede. Der friedliche Protest offenbarte das Bild einer Menschengemeinschaft, die sich blumig abfeierte, um vom Gefühl ihrer politischen Ohnmacht nicht überwältigt zu werden. Dem gegenüber: jene Gewalt- und Hassfurie des Schwarzen Blocks, der als Reaktion auf kapitale Welt-Verbrechen aber ebenfalls seine Berechtigung zu haben scheint – angesichts tanzender Clownsfiguren entlang eines lächelnden Polizeikordons. Bunte Züge sind das taugliche, weil demokratische Widerstandsmittel, dessen Gefälligkeit aber niemandem weh tut, Schwarze Blöcke das untaugliche, weil gewalttätige Protestorgane, dessen Radikalität aber jene, die gemeint sind, wenigstens sekundenlang zittern lässt.

Der Satz, es dürften keine Steine fliegen, ist unbedingt zu unterschreiben. Aber sind die »Schwarzen« nicht auch ungebetene Abgesandte unseres Unterbewusstseins, das just dort hassen und toben möchte, wo Vernunft, Müdigkeit und Altersmilde zur Mäßigung treiben? Und immer alles in der Vergeblichkeit jedes kritischen Einwandes endet? Es gibt den Traum, sich mit Rauschzuständen des Aufbegehrens zu versorgen, sich auszureißen, ins Ungebärdige, und nicht nur immer Stabilitätsnarr einer repräsentativen Demokratie zu sein, die an sich selber verödet.

Nein, lassen wir die bösen Gedanken. Bleiben wir wahre Demokraten und unvermummt: Setzen wir uns die (rot!) leuchtenden Pappnasen wieder auf. Protest kann so schön sein, und am schönsten ist, wenn dies auch Angela Merkel gut gefällt.

LOTHAR BISKY UND DER OPPOSITIONELLE GEIST
August 2007

Lafontaine braucht viele Partner in der Partei, aber keine Opposition, wie André Brie meint.

André Brie, Mitglied der LINKEN, gab dem »Spiegel« ein Interview. Er hat eine eigene Meinung zum LINKEN-Oberbestimmer Oskar Lafontaine. Darf er das? War das abgestimmt? Jene innerparteiliche Opposition, die Lafontaine nach Bries Ansicht braucht, nach Biskys Meinung aber offenbar nicht, sie bedeutet: »gegensätzlich, zum Widerspruch neigend« – freilich nur nach dem Duden, der bekanntlich kein bewährter Linker ist.

Was Lothar Bisky sagt, ruft assoziative Zitate auf den Plan.

»Die Geschlossenheit der Kommunisten basiert auf Programmatik, nicht auf Einflüsterungen einer sogenannten Opposition« (Albert Norden, 1956).

»Opposition ist nicht das, was uns voranbringt. Unsere Demokratie hat andere Instrumente« (Werner Lamberz, 1973).

»Wer Opposition betreiben will, muss sich sehr kritische Grundfragen zu seiner Haltung gefallen lassen« (Joachim Herrmann, 1988).

»Es war keine Zeit und keine Situation für eine wirklich organisierte Opposition in der SED. Aber das war natürlich eindeutig eine Bremse« (Hans Modrow, 2003).

Für DIE LINKE war Biskys Einwurf wider den Majestätsbeleidiger Brie eine klare Ansage gleich zu Beginn der Parteigeschichte. Ein Beginn, dessen Angst vor Opposition arg ans Ende von Büchners »Dantons Tod« erinnert: »Der König ist tot. Es lebe der König!«

PETER HARTZ UND DIE ORDENSRÜCKGABE
September 2007

Ich habe mich dazu entschlossen, weil ich das, was ich für dieses Land getan habe, frei halten möchte von einem aktuellen Makel, der mit Leichtfertigkeit viel, mit böswilliger Unmoral nichts zu tun hat.

Orden hängen links an der Brust. Eine Herzenssache, aus gutem Grund: Sie sind örtliche Betäubungen. Das weiß der Staat und ehrt ausgiebig. Das nahende Ende der DDR beschied dem Auszeichnungswesen eine bis dahin wenig praktizierte Ausweitung: die Ordensrückgabe – aus Gründen des Charakters. Um die Charakterfrage abzurunden: Von Rückgaben hoher nationaler Preise an das marode System hörte man im Herbst '89 häufig, von Rückzahlungen der einst beigefügten hohen Geldbeträge weit weniger. Die DDR ist Schule. Ihr jüngster Schüler heißt Hartz. Der VW-Manager gab das Bundesverdienstkreuz zurück. Nicht wegen endlich durchbrechender Scham über seine Erfindung »Hartz IV«, sondern infolge der Schmiergeldaffäre im Betrieb – was im Verhältnis zu seinem bereits erwähnten kapitalen Sozialverbrechen ein Kavaliersdelikt genannt werden darf. Hartz steht für die ethische Ermüdung der Elite, sein Schritt hat das Maß einer Warnung: So viele, die dem Beispiel folgen müssten! Weil die politische Klasse mit ihren Appellen – das Volk solle sich bescheiden – doch nur Blech redet, schickt sie en gros Verdienstblech zurück? Das wäre eine Hoffnung, zu schön, um wahr zu sein. Denn diese Rückgabe-Aktion würde ja offenbaren: Oben wächst die Angst davor, dass unten der Zorn wächst. Und der handelt womöglich anders. Der gibt nichts zurück. Der schlägt zurück.

Aber oben wächst keine Angst, und man muss wohl schon zufrieden sein, dass der Staat diesen Hartz nicht noch ein weiteres Mal als einen Beispielhaften ehrt: Denn die kriminelle Sphäre, für die der Herr steht, ist längst die führende Sphäre erfolgreicher sozialer Entwicklung.

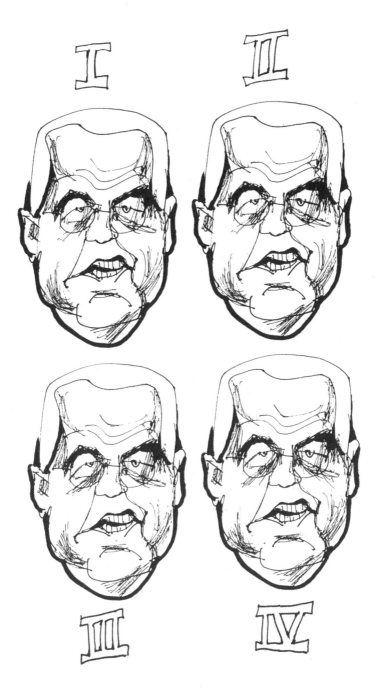

EVA HERMAN UND DER FÜHRER
Oktober 2007

*Ich muss lernen, dass man über den Verlauf der Geschichte nicht
reden kann, ohne in Gefahr zu geraten.*

Da wird die NDR-Moderatorin Eva Herman wegen Hitler-Geplapper
vom Sender genommen (» ... aber es ist eben damals auch das,
was gut war, und das sind Werte, und das sind Kinder, und das
sind Mütter, das ist Zusammenhalt ...«) – und prompt erklimmt
ihr neuestes Buch Sprossen auf der Bestseller-Leiter. Wer zur passenden Sekunde hemmungslos ist, gewinnt einen kleinen Blitz-
krieg an der Marktfront. Führer befiel, wir folgen? Nein, nein, die
Volksseele folgt der neuen Losung: Eva missfiel – wir kaufen dich!
So erweist sich die Psyche der Deutschen für jeden Moralisten als
pure Erotik: Dies Gemüt erhebt alle Mühe um Aufklärung und Vernunft ausdauernd zur Selbstbefriedigung.

Wäre das deutsche Fernsehen tatsächlich so verantwortungsernst,
wie es im Falle der »Tagesschau«-Sprecherin tat, dann müsste es
spätestens an diesem Punkt an seinem Publikum verzweifeln.
Doch es braucht just diese Zuschauer, und so weiß man nicht
mehr, worüber man beim Fernsehen heute lauter lachen soll: etwa
über Goebbels, wenn er bei Guido Knopp regelmäßig das Bein
nachzieht, oder über sogenannte Konsequenzen, die ein Kasus
wie der von Eva H. nach sich zieht. Hitler siegt weiter. Im »Untergang« trat er sogar wieder live vor die Kamera, nachdem er sich
Jahrzehnte hinter der Maske des Schweizer Schauspielers Bruno
Ganz verborgen hatte. Für immer mehr Schauspieler wird der
Mann zur großen Talent-Prüfung, bald gibt es statt des Kortner-
Preises nur noch die begehrten Führer-Scheine.

Eva Herman beschwor im Fernsehen die Familienpolitik des »Drit-
ten Reiches«. Sie ist eben eine Frau, die das ehrwürdige Gebot
achtet, immer an das Gute im Menschen zu glauben. Hitler darf
davon nicht ausgenommen bleiben, immerhin: Er war Nichtrau-
cher.

November 2007

Ich nehme einen Song auf, na und? Ich stehe gern für eine Sozial-demokratie mit Schwung, mit Rhythmus und mit Herz.

Der Außenminister nahm mit seinem französischen Amtskollegen Kouchner einen Rhythm-and-Blues-Song auf. Wo man doch immer gehofft hatte, dieser Schröderianer mit der Klarsichtfolien-Aura eines Hans-Jochen Vogel sei der stille Star seiner Partei. Aber was er nun tat, lag musikalisch voll im Trend: Die CDU haut in Berlin auf die Pauke und gibt so seit langem jenen Ton an, nach dem die SPD auf dem letzten Loch pfeifen darf. Man singt seit langem im Chor, mit einer einzigen Stimme: Merkel für die Christdemokraten, Steinmeier für die Union.

Steinmeier und die »Sozialdemokratie mit Herz«, das klingt schon sehr nach Carmen Nebel, und wenn man genau hinguckt, sieht der bauchige Minister bereits aus, als gäbe es die »Wildecker Herzbuben« bald zu dritt. Zeitgleich veröffentlichte übrigens auch der indonesische Präsident ein Album mit Songs. Von Scheel bis Clinton: Politiker beweisen musizierend, dass sie hauptsächlich mit dem Kehl-Kopf arbeiten. Völker, hört die Signale: Mikrofone sind das Einzige, was sich Regierende gern vorhalten lassen.

Trat vielleicht auch Steinmeier sein Amt mit der Bitte an: So wahr mir Gott helfe? Gotthilf tät's auch. In den Fischer-Chören wäre Platz für jeden Minister. Die Alternative zur Leitkultur hieße dann Liedkultur, und Steinmeiers Sozialdemokratie, »mit Schwung und Herz«, dürfte beruhigt aufatmen: Arbeitslosigkeit ist eine alte Platte, es ist toll, wie sie singt. Und in den Hymnen über den Aufschwung merkt womöglich keiner, wie der sozialen Gerechtig-keit der Atem ausgeht: sang- und klanglos.

GREGOR GYSI UND EIN MORALISCHES ANGEBOT
Januar 2008

Ich trete kürzer, aber noch lange nicht zurück von der Politik. Ich will in meiner aktiven Zeit schließlich noch das Ende der Kriege erleben und: dass kein Kind mehr in Armut leben muss, dass alle Kinder gleiche Chancen auf Bildung und Ernährung haben.

Der Mann ist der einzige Witz, den die Sozialisten haben. Gysi weiß das und genießt es seit vielen Jahren – wer hätte dem erfolgreich Geltungsbedürftigen nun diesen riskanten Opfergang zugetraut? Denn es gibt eine Menge Leute, die ihn loswerden wollen, und jetzt bekommen sie ein sehr moralisches Angebot. Die CDU bräuchte bloß christlich, die SPD sozial-demokratisch zu werden – damit würde das einflussreiche Deutschland einen beträchtlichen Beitrag zum großen Frieden und zur sozialen Gerechtigkeit leisten, Gysi käme damit der Erfüllung seines Traums berückend nah und näher und verschwände womöglich bald von der politischen Bühne. Aber da die Welt noch lange bleiben wird, wie der Mensch immer war, befindet sich DIE LINKE auf dem Weg zu Castro, Breshnew und Honecker – hin zu einer Art ewigem Generalsekretär. Das Ende der Armut und der Kriege erleben? Das geht nur mit einem genmanipulierten Genossen. Gysis naiver Zeitbegriff vom Wandel der Wüstungen erwächst aus der landläufigen Utopie aller Politiker: nicht nur für eine Weile als unabkömmlich zu gelten, sondern unsterblich zu sein.

KLAUS WOWEREIT UND DAS WACHS-TUM
April 2008

*Ich will nicht hoffen, dass ich nun dort, wo ich Charakter sein will,
auch bloß noch eine Figur bin.*

Immer mehr deutsche Politiker kommen ins Wachsfigurenkabinett
von »Madame Tussaud«. Nun ist auch Berlins Regierender Bürgermeister zu sehen – in einer hauptstädtischen Niederlassung des
Londoner Museums. Hoffentlich kommt es nicht zu Verwechslungen,
und im Abgeordnetenhaus landet der falsche Wowereit, wo er
nach Meinung der CDU seit langem »formbare Masse« in den Hän-
den der LINKEN ist. Offenbar werden wir überhaupt längst von
Kopien regiert, denn dass es der Politik an Originalen mangele,
gilt als allgemeine Übereinkunft; von wirklichen Größen ist von
links bis rechts wenig auszumachen. Nur noch Figuren tauchen
auf, nicht Charaktere. Ganz wie es Wowereit befürchtet. Auch er
muss aufpassen, dass man ihn nicht wieder einstampft. So blass,
so unscheinbar. Aber diese Möglichkeit, mit dem strapazierten
Begriff Wachs-Tum ganz anders umzugehen, wirft ein völlig neues
Licht auf künftige Wahlkämpfe: Politiker, die abgewählt werden
sollen, setzt man auf den heißen Herd, bis sie weich sind. Und
dann werden sie kerzlich verabschiedet – zum Strafdienst in der
Lichterkette. Rettung freilich bringt auch dies nicht. Noch fürs
Kerzenwachs eingeschmolzen, gehen einem die Wowereits doch
weiter heftig auf den Docht.

DER DEUTSCHE SOLDAT KRIEGT SEIN FETT AB
Mai 2008

Der Zustand ist nicht hinzunehmen. Hier steht ein Ruf auf dem Spiel. BILD

Eine ungesunde Ernährung wirkt sich, im wahren Sinn des Wortes, ver-heerend aus: Unser Heer ist am Ende. Zu fett. Zu viel Billigfraß. Also: zu unbeweglich. Der Wehrbeauftragte des Bundestages schlägt Alarm. Aber warum nur? Endlich erhält doch das alte Klischee, die Dicken seien gemütlich, seinen pazifistischen Adel. Der Mensch ist das Maß aller Schneider – Uniformen schufen einst den hässlichen Deutschen, der gern zuschlug; nun zieren sie den fresslichen Deutschen, der seine Zähne nur noch gern ins Frittierte schlägt. Das nennt man den wahren Frieden, auch wenn jeder Big Dreck an einen Gefallenen denken lässt, denn er ist noch warm.

Natürlich darf man die Sache auch anders sehen, was freilich die Panik der Politik noch unbegreiflicher macht. Denn eine Armee, die immer dicker wird, erweitert kostensparend ihre Präsenz: Jedes zusätzliche Kilo rückt den beleibten Soldaten automatisch näher an Afghanistan heran. Die Stärkung der Mampfkraft vergrößert so die Kampfkraft. Das ist auch ein Schritt hin zu Binnen-Einsätzen: Nimmt die Infanterie zu, kommt sie doch gar nicht umhin, schwächliche Asylbewerber aus dem Land zu schubsen. So kriegt man auch die Arbeitslosen und Penner von der Straße. Wo soll denn der fette Soldat hin? Er hat schließlich ein Recht auf seinen Platz in der Gesellschaft.

BIOLOGISCHE UHR, SPD UND LINKE
Juni 2008

Forschern der Harvard-University gelang es, die innere Uhr, den Tag-und-Nacht-Zyklus des Menschen, auf fünfundzwanzig Stunden zu verlängern. BERLINER MORGENPOST

Was als Sensation gefeiert wird, gelang deutschen Wissenschaftlern bereits vor einiger Zeit. Wir erinnern uns genau an den Augenblick, als sich die Folgen dieser Umstellung erstmalig öffentlich zeigten. Es war 2005, als Gerhard Schröder im Fernsehen, nach der für ihn verlorenen Bundestagswahl, gegenüber Angela Merkel so auftrat, als sei er nicht nur der vergangene, sondern auch der zukünftige Kanzler. Die Ereignisse überschlugen sich, aber bei Schröder schlug's beglückend dreizehn, obwohl es für ihn doch längst fünf nach zwölf war. Seine innere Uhr raste geradezu, das Lachen wollte ihm nicht vergehen. Daraufhin wurde dieses Experiment, die Zeit zu überlisten, an der gesamten Sozialdemokratie wiederholt. Ein gedehnter Bio-Rhythmus dient ideal jeder größeren Koalition: Für faule Kompromisse ist es fortan nie zu spät. Wahrscheinlich setzt sich Münteferings Gehalt aus lauter inneren Überstunden zusammen.

Hauptsache, die Linkspartei kommt nicht auf den Geschmack. Jeden Tag eine Stunde mehr als die anderen? So droht womöglich die nächste neue Zeit mit dem nächsten neuen Menschen. Wer soll das verhindern? Vielleicht die Gewerkschaft, die endlich wissen will, warum es sie noch gibt. Also her mit einer Uhrabstimmung? Zum Glück halten die Linken sich zurück. Sie kennen sehr wohl eine andere Gefahr und benötigen daher keine Studie: Sie wissen nämlich sehr genau, wie beharrlich sich das ewig Gestrige schon für die Zukunft hält.

Dahem ist dahem.

Daheim ist daheim, sagt der Saarländer. Aber wo ist das »Daheim« wirklich? Von der Sozialdemokratie zu einer linken Wahlalternative, von dort zur LINKEN – der Weg ist womöglich das Ziel, am Ende jedenfalls steht gute Forschungsarbeit für die neue Farbenlehre: Rot hat die meisten Nuancen. Und er brachte sie alle zum Schillern. Sogar in seinem Gesicht: beinahe pausbäckiges Strahlen oder die Aufgebrachtheit des Puters. Er kennt sich aus im Putsch, der an eine Parteispitze führt (gegen Scharping); er weiß um die bittere, folgenreiche Erfahrung falscher Loyalität (zu Schröder), um eine Parteispitze nicht zu spalten. Der Bäckersohn aus Saarlouis stieg hoch hinauf, aber als er sich über Nacht aus allen Ämtern verabschiedet hatte, schaffte er immerhin das, was vor ihm nur Ikarus gelang: Noch der Absturz wurde ihm von vielen als Flug angerechnet.

Gegner bezeichneten ihn als »Chamäleon« – völlig falsch, dieses Tier wechselt nur die Farbe, nicht die Gesinnung, und das hat auch er nie getan. Auslandseinsätze der Bundeswehr lehnte er stets ab, die NATO mochte er nie, und der SPD nötigte er die ökologische Erneuerung ihrer Wirtschaftspolitik auf. Als Kanzlerkandidat hätte er allerdings, nach den üblichen Regeln, vor einen Ausschuss für undeutsches Verhalten gehört: Er sagte nämlich den Ostdeutschen die Wahrheit über die Kosten der Einheit. Sie dankten es ihm aus ganzem Herzen und wählten Kohl. Aber auch als Schröder Kanzler war, wurde nichts gut – und Lafontaine durfte nicht zeigen, dass er der Bessere wäre. Das hat er Schröder nie verziehen. Aber sich selbst auch nicht.

Die Leitfigur taugt nicht zur Leidfigur. Deshalb weiß auch die LINKE längst, was das ist, ein Kerl wie Oskar, ein Genosse wie Lafontaine: natürlich nur einer unter vielen Gleichen, aber unwiderruflich der Erste.

... scheint nach diesen neuerlichen Untersuchungen nun endgültig festzustehen, dass es sich nicht um Schillers Schädel handelt ...
DEUTSCHE PRESSE-AGENTUR

Von Friedrich Schiller heißt es, er habe seinen Körper mit eisernem Willen besiegt. Mit eisernem Bewusstsein bestimmte er das kränkliche Sein – als sei dieser Klassiker schon Kommunist, der Dichter ein Ideologe. Eine reine Kopfgeburt sozusagen. Daher diese etwas kopflastigen Dramen? Aber nun dies: im Grab der falsche Schädel, das falsche Skelett – nachdem vor einiger Zeit bereits ein anderer Schädel »aufgeflogen« war. Wie viele Köpfe besaß denn der Mann! Hatte er einen Doppelgänger? Ist er überhaupt gestorben? Goethe ging nicht zur Beerdigung des Freundes – er wird schon gewusst haben, warum.

Was dem armen Schiller lange nach seinem Tode widerfährt, darüber kann die deutsche Politik nur lachen. Hauptsache kopflos! Dieses Prinzip lebt und wird niemals beerdigt werden. Wir anderen freilich müssen nun noch skeptischer sein, wenn man uns zur Andacht an ein Grab bittet – womöglich liegt man mit seiner Trauer total daneben: Ist wirklich drin, was draufsteht? Man kann an gar nichts mehr glauben. Die Hitler-Tagebücher waren gefälscht; Egon Krenz hat gar nicht, wie er damals im Fernsehen sagte, »die Wende eingeleitet«; Wolfgang Thierse war trotz seines Bartes nie Humana-Vorsitzender; Jan Ullrich kann überhaupt nicht Rad fahren; Knut Beck von der SPD ist im Hauptberuf nie Eisbär gewesen; bei Herrn Pofalla von der CDU handelt es sich – trotz dieses Gesichtes – um keine entlaufene Figur aus der Gespensterbahn. Osteoporose ist auch keine typische DDR-Krankheit. Und auch die sozialistische Idee ist vielleicht gar nicht tot. Ihr fehlen nur die richtigen Köpfe.

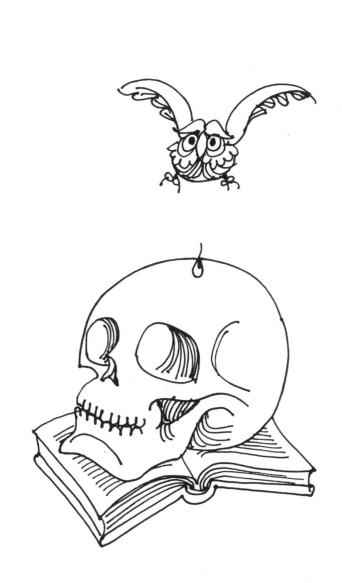

RÜCKERSTATTUNG OHNE ENDE?
August 2008

*Es ist längst an der Zeit, diesen Rest Kolonialismus aus der deut-
schen Wissenschaftskultur zu tilgen, der Würde der Ermordeten zu
entsprechen und sich zu entschuldigen.* NEUES DEUTSCHLAND

Namibia möchte Schädel aus deutschen Universitätssammlungen
zurückhaben. Findet in Afrika etwa ein großes »Hamlet«-Festival
statt (Totengräberszene!)? Nein, die Sache ist ernsthafter: In Berlin und Freiburg lagern Knochen aus der Zeit der deutschen Kolo-
nialmorde. Aber so verständlich Namibias Forderungen sind – der
Kasus bestätigt eine Tendenz, die auf sehr eigene Weise unsere
Welt in Bewegung hält: Alles gehört jemand anderem. Aber stellt
man das konsequent in Rechnung, kommt die allgemeine
Beschleunigung der Dinge auf Rekordtempo und bald gar nichts
mehr zur Ruhe. Man will alte Grenzen wiederhaben, gestohlene
Kunst, verlorene Arbeit. Ich will meine verpassten Gelegenheiten
wiederhaben. Wie viele Menschen singen noch heute tief im Suff,
sie wollten ihren Kaiser Wilhelm wiederhaben, stattdessen laufen
Politiker wie Huber oder Glos oder Schäfer-Gümpel-Bembel durch
die Landschaft, und alles stöhnt: Da haben wir's mal wieder! Mancher will ja auch die Mauer und Erich Honecker wiederhaben. Den
Sozialismus sowieso. Ostdeutsche fordern ihre Biographien zurück, die ihnen vom Westen ohne Angabe des Verwendungszwe-
ckes genommen wurden. Viele Russen wollen Stalin wiederhaben.
Bald bleibt keine Kirche mehr im Dorf. Wenn Rückerstattung derart in Mode kommt, dann wollen wir endlich auch das Wembley-
Tor von 1966 wiederhaben! In Deutschland wollen die Menschen
vor allem den einstigen Sozialstaat wiederhaben. Unmöglich.
Herrschende Politik setzt andere Prioritäten. Grundsätzlich wird
sich wohl nur dann etwas an den gesellschaftlichen Verhältnissen
ändern, wenn die SPD plötzlich und allen Ernstes Oskar Lafontaine wiederhaben will.

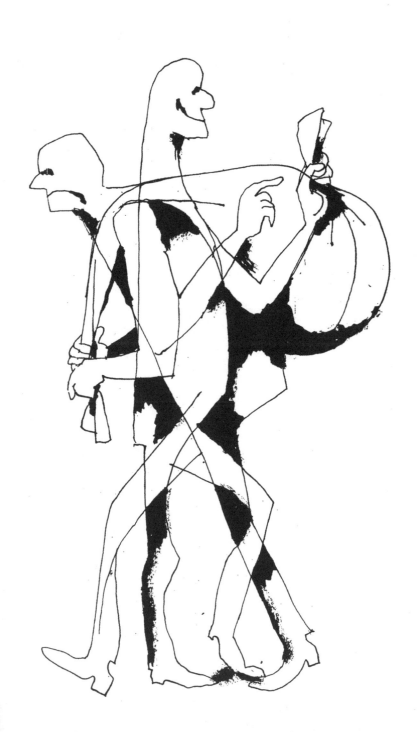

WOLFGANG SCHÄUBLE UND DIE ERSCHÖPFUNG
September 2008

Es ist uns gelungen, den Menschen das Gefühl von Sicherheit zu geben. Und die Arbeitslosigkeit ist nicht mehr die größte Sorge. So schlecht können wir Konservativen also nicht sein.

Er war CDU-Chefstratege, Kanzlerkandidat im Wartestand, er handelte das Kleingedruckte im Einigungsvertrag aus. Wenn man sich des breiten Rückens von Kohl erinnert – Schäuble war es, der ihm den freihielt, er half ihm in den Mantel der Geschichte. Wenn er mitunter erschöpft wirkt, dann meint man den Grund zu kennen: Es kostet Kraft, nicht enttäuscht und verbittert zu sein. Ein Leben für die Politik, am Ende nur Innenminister. Aber was für einer! Mit eisernen Faust, die ein Besen sein will – der alles wegfegt, was den Staat in der Ära nach dem 11. September 2001 unsicher macht.

Elias Canetti beschrieb Demokratie als Fähigkeit einer Gesellschaft, Druck auszugleichen. Druck, der freilich durch Demokratie erst entsteht – durchs freie Spiel der Kräfte nämlich, das jedem gefundenen Gleichgewicht neu in die Parade fährt. Demokratie ist die einzige Möglichkeit, das ewige Scheitern jener besseren Gesellschaft lebbar zu machen, in der die Gerechtigkeit so groß wäre wie die Freiheit. Wir aber scheinen in einer Welt zu leben, in der nur die Freiheit wächst, nicht mehr zurechtkommen zu dürfen mit dem stetig wachsenden Druck der Verhältnisse. Die Reaktionen auf diesen Weltzustand tragen mörderische Energien in sich: lebende Bomben, die auf einen Anlass für den Auslöser warten.

Schäuble ist Pionier einer robusten Sicherheit, die den Staat vor zu viel Demokratie und Transparenz schützt. Wie endet das? In einer Festung Europa und einer reinen Kultur der Sicherheitszonen? Mit reibungslosem Rassismus: Körperkontakt ausgeschlossen. Jede Stadt begann einst als Traum, anonym bleiben zu dürfen – daraus entsteht eine Gesellschaft, in der keiner mehr einem anderen wirklich begegnet, und wenn, dann nur mit Angst in den Augen.

Er weiß, dass es immer nur heikel, gar falsch oder tragisch sein kann, was er entscheidet. Und seine Erschöpfung scheint zu wachsen. Aber sie ist das, was ihn menschlich hält.

September 2008

Theo Waigel (CSU) will einen Gesprächskreis gründen, der sich ver-
stärkt »mit politisch-strategischen Fragen« befassen will. Es müsse,
so der ehemalige CSU-Vorsitzende, in der Politik »endlich unge-
schminkt über Dinge geredet werden, die jetzt anstehen und der
Lösung harren«. SÜDDEUTSCHE ZEITUNG

Über Dinge reden, die jetzt anstehen? Offenbar sind solche
Debatten um »politisch-strategische Fragen« nicht (mehr) Teil
und Pflicht einer aktiven Politiker-Laufbahn. So sehen Parteien,
durch die Parlamentsbank, auch aus.

Der Schwarm jener Experten und Gesprächskreis-Gründer, welche
die herrschende Politik umschwärmen, wird immer größer. Das
Wissen der unmittelbar Handelnden verlor seine Fundamentalrolle,
es mutierte zum höheren Vermuten: Man braucht mehr und mehr
Berater, als Hilfsmittel für ein dilemmatisches, dilettantisches
Wählen zwischen allen Übeln. Die Parteispitzen sind das Konvent
von Leuten geworden, die im gemeinsamen Halbdunkel nach
erschütternd relativen Lösungen suchen. Jede Ethik-Kommission,
jeder Rat der Weisen, jedes »Bündnis für ...« und eben auch jeder
blasige Gesprächskreis ist nur auf den ersten Blick ein Zeichen
von funktionierendem Gemeinsinn; was da grassiert, ist die wachsende Unbegabung der politischen Kultur. Politik ist, als stünden
die rettungslos von Realität überraschten Funktionäre vor einem
tiefen, breiten Fluss und warteten auf den Rat, wie man denn
hinüberkäme. Es gibt angesichts dieses schweren, reißenden Stro-
mes leider nur eine einzige sichere Lösung, und auch jeder
Gesprächskreis wird schwätzen und schwätzen, um sie bloß nicht
ungeschminkt aussprechen zu müssen: Austrinken!

Oktober 2008

Kommissar Ehrlicher war auch deshalb so beliebt, weil das normale Volk sich mit der Figur identifizierte. Er sagte, was er dachte. Das ist eine gute Eigenschaft.

So also möge der nächste Bundespräsident nach Wünschen der LINKEN sein: ein guter, zäher Plebejer. Raffiniert begriffsstutzig wie Columbo. Geschickt einfältig wie Schwejk. Ein narrendreister Simplicius Simplicissimus des höheren Beamtentums. Ein Präsident wie »Tatort«-Ehrlicher, der die Bühne nicht verlassen will. Beliebtheit kann selten anders: Sie muss in Serie gehen. Oder in die Politik. Beides endet in der Abnutzung.

Es gab ein Abendlicht, in dem die DDR warm leuchtete, wie sie nie war. Sodanns Ausstrahlung hat von diesem Licht ihre Wärme: Wir haben eine schönere Vergangenheit verdient, als sie der Westen an die Wand malt, als wär's noch eine Mauer. Noch einmal soll das alte Bunte-Truppen-Gen der frühen PDS neues Leben bilden. Politik als Jurassic-Park der Gutmenschen-Dinos.

Woher speist sich der Nachschub fürs politische Personal? Eine Frage, die in den Parteien Panik und verzweifelte Impulse auslöst. Politik ist Fernsehen geworden, beides gehört zur Unterhaltung, man tauscht die Komödianten. Sodann erinnert daran, was noch alles aus Millowitsch und Inge Meysel hätte werden können.

Brechts Kinderhymne soll Staatshymne sein, und den Manager Ackermann will Sodann verhaften lassen. Spaßhafte Gefahr, die aus dem Volksmund plauzt. Was hoffen die Sozialisten? Dass Sodann für die vielen spricht, die Angst haben, eine unkorrekte Meinung zu äußern. Mehrheitsfähig ist nur, wer für jene anderen vielen spricht: die Angst davor haben, mit einer Meinung allein zu stehen, möge sie auch die korrekte sein.

Schon soll einem weiteren TV-Kommissar gekündigt werden: Uwe Steimle alias Jens Hinrichs vom »Polizeiruf 110«. Hat DIE LINKE schon einen Kanzlerkandidaten?

DER OSTEN ALS ERSATZHEIMAT
Dezember 2008

Es wird sich erweisen, dass der Mensch die Umweltprobleme nicht lösen kann, aber er wird, ähnlich wie Bakterien und Insekten, eine unvorstellbare Anpassungsfähigkeit entwickeln, um über die Runden zu kommen. NEUES DEUTSCHLAND

Die Erde schwitzt und lässt Eis ab: Zwei Pol-Kappen zu tragen, das ist eben zu viel. Die Malediven sorgen vor: Wegen des steigenden Meeresspiegels wird ein Staatsfond angelegt, um bei möglicherweise nicht abzuwendendem Untergang anderswo Land kaufen zu können. Sparen für eine Ersatzheimat. Die Methode hat sich längst auch hierzulande bewährt. Der SPD steht das Wasser schon weit länger bis zum Halse, sie hat eine günstige Ersatzheimat in der CDU gefunden. Wir anderen müssen bleiben, wo wir sind, und zwar im Nassen: auf der einen Seite Westerwelle, auf der anderen Lafontaine, und im Zentrum steht der deutsche Manager und tut, als könne er mitten im Tsunami der Bankenkrise kein Wässerchen trüben. Heiner Müller hatte Recht, als er schrieb: Heimat ist dort, wo die Rechnungen eintreffen. Da kommt, trotz Reisepass, keiner raus.

Die Malediven suchen nach dünn besiedelten Gebieten. Haben sie auch Deutschland auf der Liste? Der Abschwung Ost und West hat plötzlich völkerhelfenden Sinn. Jede Region, in der Industrie stillgelegt wird und eine Brache droht – sie hilft den globalisierten Opfern des drohenden Klimawandels. Wo Perspektivlosigkeit die Menschen wegspült – dort entsteht für andere das ersehnte weite Feld der Ersatzheimat. Und unser Sozialstaat wechselt an den Äquator. Ist doch egal, wo er untergeht.

STATT ZWEIER NACHWORTE

*Deutschland springt auf die Pflicht wie der Hengst auf die Stute,
und wenn die politische Klasse zum kritischen Diskurs ansetzt,
dann entweichen, wie beim Sektglas, feine Seifenbläschen in die
seidenweiche Luft, es ist die Luft überm gut gesicherten Wohl-
stand.*

PIERRE BOURDIEU

ALSO, EINER MUSS ES JA TUN!
Sagt der Denunziant und zieht mächtig vom Leder.
Sagt der Pechvogel und zieht mal wieder eine Niete.
Sagt der Kleinbürger und zieht sofort seinen Schwanz ein.
Sagt der Soldat und zieht stolz ins Krisengebiet.
Sagt der Feigling und zieht sich hinter andere zurück.
Sagt der Perspektivlose und zieht ins Parlament.
Sagt der Arbeitgeber und zieht zufrieden Bilanz.
Sagt der Arbeitnehmer und zieht immer den Kürzeren.

NEIN WIRKLICH, EINER MUSS ES TUN!
Meint der Wendehals und wirft entschlossen seine Biographie weg.
Meint der Yuppie und wirft sich in Schale.
Meint der Hausbesitzer und wirft den Mieter hinaus.
Meint der Terrorist und wirft die Handgranate.
Meint der Hochnäsige und wirft eine kleine Münze aufs Pflaster.
Meint der Entgleiste und wirft sich aufs Gleis.
Meint der Täter und wirft die Tat einem anderen vor.
Meint der Sündige und wirft den ersten Stein.
Meint der Erfahrene und wirft lieber keine Fragen auf.

OHNE FRAGE, EINER MUSS ES TUN!
Ruft der Manager und greift nach der höchsten Prämie.
Ruft die Reform und greift natürlich überhaupt nicht.
Ruft der Wahlkämpfer und greift zum falschen Versprechen.
Ruft der Sensible und greift sich ans Herz.
Ruft der Ideologe und alle greifen sich an den Kopf.
Ruft der Verantwortliche und greift nicht ein.
Ruft der nackte Finanzminister und greift – uns! – in die Tasche.
Ruft der Arglose und greift in die Scheiße.
Ruft der Tod und greift ins volle Menschenleben.

ES BLEIBT DABEI, EINER MUSS ES TUN!
Bestätigt der Libero und schlägt noch mal nach.
Bestätigt der Aalglatte und schlägt einen Haken.
Bestätigt der Leisetreter und schlägt sich in die Büsche.
Bestätigt das Pack und schlägt sich (ehe sich's verträgt).
Bestätigt der Einbrecher und schlägt die Tür ein.
Bestätigt der Neonazi, schlägt aber lieber eine Nase ein.
Bestätigt der Polizist und schlägt Demonstranten nieder.
Bestätigt der Boss und schlägt den Preis auf.
Bestätigt der Unbelehrbare und schlägt wieder Merkel vor.

WAS HEISST HIER EIGENTLICH, EINER MÜSSE ES TUN.
WANN IST ES DENN JE BEI EINEM GEBLIEBEN?

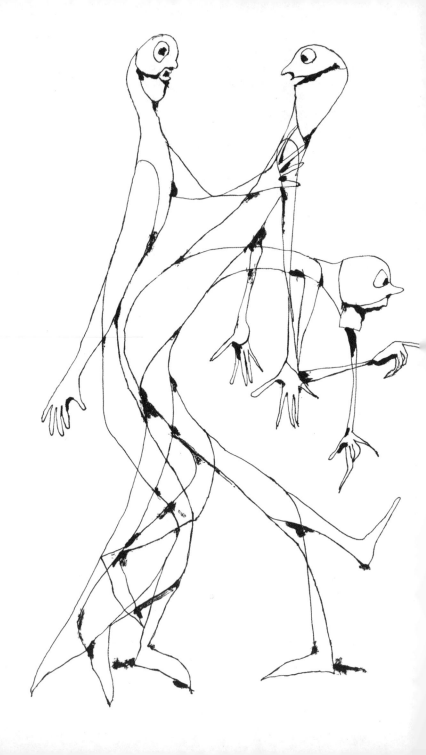

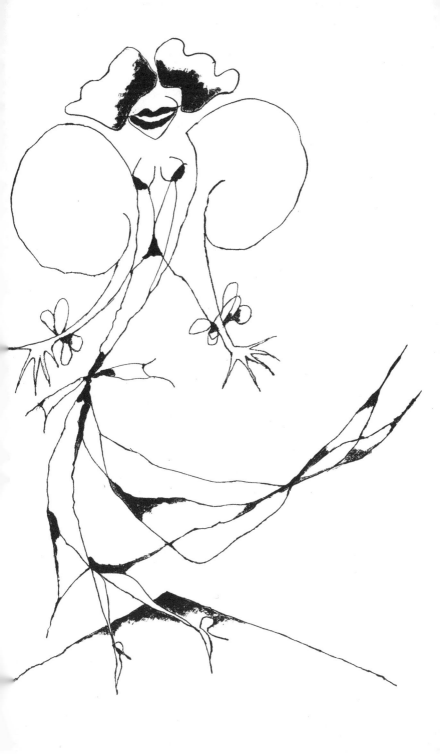

PERSONENREGISTER MIT LEICHTEN ANDEUTUNGEN

Bahr, Egon. Geboren 1922. Nach dem Krieg Journalist (Berliner Zeitung). 1950 bis 1960 Chefkommentator und Bonner Bürochef des RIAS. Senatssprecher beim Regierenden Bürgermeister von Berlin, Willy Brandt, ab 1972 – Brandt ist Kanzler – Bundesminister für besondere Aufgaben.

Der Glaube versetzt nur Berge, der wahre Friedenspolitiker aber Talsohlen.

Beck, Kurt. Geboren 1949. Seit 1994 Ministerpräsident von Rheinland-Pfalz. 2006 bis 2008 SPD-Vorsitzender.

Als er vom SPD-Thron geradezu heruntergemobbt wurde, sagte er, er werde trotzdem »nicht hintern Baum gehen«. Dann hätte es aber wenigstens noch einen Einzigen gegeben, der sich vor ihn gestellt hätte.

Bertram, Lutz. Geboren 1953. Musikredakteur bei DT 64. 1993 bis 1995 Moderator des täglichen ORB-Morgenmagazins »Auftakt«. Danach Funkstille.

Wen eines Tages kein Gegner mehr aufhält, der hat nur schlecht nach sich selbst gesucht.

Bisky, Lothar. Geboren 1941. Volksschule, Arbeiter, Kulturwissenschaftler. 1986 bis 1990 Rektor der Filmhochschule Babelsberg. 1993 bis 2000 und ab 2003 erneut PDS-Vorsitzender. Jetzt Vorsitzender der LINKEN und der Europäischen Linkspartei.

Vielleicht hat die Linke dann wieder Chancen, wenn ihre Theorien nicht mehr nur diese ewig gleiche Lehre von der Schuld der anderen ist.

Bohley, Bärbel. Geboren 1945. Industriekauffrau, Malerin. 1983 aus dem Verband Bildender Künstler der DDR ausgeschlossen. Mitbegründerin der »Initiative für Frieden und Menschenrechte«. Leitete Mitte der neunziger Jahre die Internationale Friedensbehörde für Bosnien-Herzegowina in Sarajewo. Lebte an der kroatischen Adriaküste, ist seit 2008 wieder in Berlin.

Die Bürgerrechtler verlangten nicht das Unmögliche. Das war der Staat doch schon.

Braun, Volker. Geboren 1939. Veröffentlichungen seit Anfang der sechziger Jahre. Lyrik, Stücke, Prosa, Essays.

Große Leistung, ein Dichter zu werden. Noch größere Leistung oder Gnade (nie gesichert, dafür sorgt die westdeutsche Jury), eines Tages nicht mehr nur als ostdeutscher, sondern sogar als deutscher Dichter zu gelten.

Christiansen, Sabine. Geboren 1957. Sieben Jahre Lufthansa-Stewardess. 1987 bis 1997 ARD-Redakteurin und Moderatorin der »Tagesthemen«. 1998 bis 2007 eigene Polit-Talkshow.

Bei manchen TV-Gesprächsrunden wäre es schon ein großer Erfolg, würde ein Teilnehmer beim Reden unerwartet sich selber überzeugen.

Clement, Wolfgang. Geboren 1940. 1986 bis 1989 Chefredakteur der »Hamburger Morgenpost«. 1998 bis 2002 Ministerpräsident von Nordrhein-Westfalen. Bis 2005 »Super«minister für Wirtschaft und Arbeit. Bei der Hessen-Wahl 2008 warnte das RWE-Aufsichtsratsmitglied, wegen der konzernkritischen Energiepolitik der SPD-Kandidatin Ypsilanti, vor einer Wahl der eigenen Partei. Daraufhin: Rüge – und im November 2008 Austritt aus der SPD.

Protagonist der Post-Moderne: ein Ekelpaket.

Dohnanyi von, Klaus. Geboren 1928. 1981 bis 1988 Erster Bürgermeister Hamburgs, in seiner Amtszeit: »Hamburger Kessel«, die lange Einkesselung von Antikernkraft-Demonstranten, und

Konflikte um besetzte Häuser in der Hafenstraße. Ab 1990 Treu-
hand-Mann für die Privatisierung ostdeutscher Kombinate.

*Vom christlichen Abendland ins vereinte Deutschland: Der Herr hat's
gegeben, die Herren haben's wieder genommen.*

Dönhoff, Gräfin Marion von. 1909 bis 2002. Journalistin. Jahr-
zehntelang Herausgeberin der »Zeit«. Hatte von 1935 bis 1945 die
ostpreußischen Familiengüter verwaltet. Bezeichnete 1949 die Oder-
Neiße-Grenze als »völkerrechtswidrig«, nahm das 1970 zurück.

*In der DDR konnten die Journalisten nur schreiben, was sie mussten.
Jetzt müssen sie das schreiben, was sie können. Die Zeiten sind
schwieriger geworden.*

Fischer, Joschka. Geboren 1948. Fotografenlehre. Während der
Studentenbewegung in Frankfurt (Main) bei der militanten Gruppe
»Revolutionärer Kampf«. Wegen Überschreitung der Bannmeile
sechs Tage Haft in Stammheim. 1985 hessischer Umweltminister,
Vereidigung in Turnschuhen – bundesweit erstes Kabinettsmitglied
der Grünen. 1998 bis 2005 Außenminister.

*Seien wir unrealistisch, riefen die Achtundsechziger, verlangen wir das
Unmögliche, für alle! Nein, falsch verstanden: das möglichst Gute, für uns!*

Gaus, Günter. 1929 bis 2001. Reporter der »Süddeutschen Zeitung«, Chefredakteur des »Spiegel«, Buchautor. 1974 bis 1981 Leiter der Ständigen Vertretung der BRD bei der DDR. Berühmt durch
die TV-Interviewreihen »Zur Person«, »Deutsche«.

*Das überraschend Neue an jeder neuen Zeit sah er im dauerhaft
alten Menschen.*

Geißler, Heiner. Geboren 1930. Jurist. Promovierte zum »Recht auf
Kriegsdienstverweigerung«. Jahrelanger CDU-Generalsekretär und
Vize-Fraktionschef der Partei im Bundestag. Seit 2007 Mitglied in
der globalisierungskritischen Organisation »Attac«.

Er sei nicht vom Ehrgeiz »zerfressen«, sagt er, »aber klar, Bundeskanzler hätte ich auch hingekriegt. Doch: Wer in die Spitze will, muss sich verbiegen können ... Es war Kohls Recht, mich nicht wieder als Generalsekretär vorzuschlagen, aber es war wahrscheinlich sein großer Fehler.«

Genscher, Hans-Dietrich. Geboren 1927. Von 1974 bis 1985 FDP-Vorsitzender, von 1974 bis 1992 fast ununterbrochen Außenminister.

Der Liberalissimus.

Grass, Günter. Geboren 1927. Nobelpreis für Literatur 1999 für »Die Blechtrommel«. Kurz vor Erscheinen seiner Autobiographie »Beim Häuten der Zwiebel« 2006 erklärte Grass, als 17-Jähriger Mitglied der Waffen-SS gewesen zu sein. Es begann eine Debatte um des Autors Rolle als moralische Instanz im Nachkriegsdeutschland.

Ich und Ich sind manchmal zweierlei, und das Unbekannte ist nicht die Zukunft, sondern die Vergangenheit.

Gröllmann, Jenny. 1947 bis 2006. Schauspielerin am Theater (Maxim Gorki Theater Berlin) und in zahlreichen Filmen (»Broddi«, »Hälfte des Lebens«, »Liebling Kreuzberg«).

Ihre Ausstrahlung kam aus den Seitenstraßen des Lebens; ein Fräulein Courage des vorstädtischen Hinterhofzaubers. Noch unwesentlichen Fernsehfilmen gab sie einen heftigen Stups wahrhaftiger Existenz mit, unterschied sich so kräftig von den flachen Gesichtern des Seriellen, die heutzutage in die Blendzonen der Begehrlichkeit drängen.

Gysi, Gregor. Geboren 1948. Rinderzüchter und Rechtsanwalt. Verteidiger einiger Bürgerrechtler in der DDR. 1989 bis 1993 Vorsitzender von SED-PDS bzw. PDS. Ab 1990 Vorsitzender der Bundestagsgruppe, dann der Fraktion der PDS im Bundestag. Dort seit 2007 (mit Oskar Lafontaine) Fraktionsvorsitzender der LINKEN.

Von der SED zur LINKEN: eine schöne, gefährliche, umstrittene Weile lang die Umwandlung der Einheitspartei in eine Ein-Mann-Partei.

Handke, Peter. Geboren 1943. Österreichischer Dichter, lebt seit 1991 bei Paris. Den Düsseldorfer Heine-Preis erhielt er nicht, weil er beim Begräbnis des serbischen Ex-Präsidenten Milošević war. Handke: »Ich war beim Begräbnis von Jugoslawien.«

Deutsche Medien sprachen das Urteil: Damit habe sich Handke selber schuldig gemacht, ein »Irrläufer«. Daumen runter! Aber: Schuld und Irrtum sind die Male wahrer Dichter. Was triebe denn sonst zum Schreiben? Freilich: Den Journalismus darf man so nicht fragen.

Hartz, Peter. Geboren 1941. Bis 2005 Vorstandsmitglied bei Volkswagen. Bewährungsstrafe wegen Untreue und Begünstigung des VW-Betriebsratschefs. Seither vorbestraft. Nach dem SPD-Mitglied wurden einschneidende Sozialkürzungen für Arbeitslose benannt.

So achtet man oben auf die Linie: Auf Diät wird nur immer das Volk gesetzt.

Herman, Eva. Geboren 1958. Hotelkauffrau. 1989 bis 2006 Nachrichtensprecherin der »Tagesschau«. Bis dato sind fünf Ehen bekannt.

Weisheit ist bloß ein Plagiat, nur die Dummheit ist immer original.

Hermlin, Stephan. 1915 bis 1997. Schriftsteller. Gehörte 1976 zu den Initiatoren des Protestes gegen die Ausbürgerung von Wolf Biermann.

Günter Gaus sagte, noch in geschlossenen Räumen habe man den Eindruck gehabt, des Dichters Haar wehe.

Heym, Stefan. 1913 bis 2001. Schriftsteller.1994 als Parteiloser für die PDS im Bundestag.

Erinnerung an die letzten Stunden der DDR: Ja, Ende gut, alles gut – alles Wut!

Hildebrandt, Jörg. Geboren 1939. Gärtner, da er, in Ostberlin lebend, nach dem Mauerbau sein Studium an der Freien Universität nicht fortsetzen durfte. 1966 Lektor der Evangelischen Verlagsanstalt Berlin. 1990 stellvertretender Intendant des Rundfunks der DDR. Ab 1992 Leiter der Kirchenredaktion des ORB. Ab 1997 stellvertretender Chefredakteur des gemeinsamen SFB/ORB-Hörfunkprogramms. War verheiratet mit Regine Hildebrandt.

Hildebrandt, Regine. 1941 bis 2001. Biologin. Eine der beliebtesten deutschen Politikerinnen. In der ersten frei gewählten DDR-Regierung 1990 war sie Ministerin für Arbeit und Soziales. Ab Herbst 1990 in Brandenburg Ministerin für Arbeit, Soziales, Gesundheit und Frauen. Nachdem Ministerpräsident Manfred Stolpe 1999 in Potsdam eine CDU-Koalition einging, trat sie aus der Landesregierung aus.

Beide handelten bereits in der DDR nach der Devise: Wer ständig vor irgendetwas die Augen verschließt, ist lebend schon tot.

Hochhuth, Rolf. Geboren 1931. Dramatiker, der mit dem Stück »Der Stellvertreter« (1963) für den größten westdeutschen Theaterskandal sorgte. Seine Erzählung »Eine Liebe in Deutschland« entfachte 1978 die Diskussion um die Vergangenheit des baden-württembergischen Ministerpräsidenten Filbinger als NS-Richter. Der trat im selben Jahr zurück.

Der Staat hat gelernt: Es ermattet einen Schriftsteller mehr, auf Gummi zu beißen als auf Granit.

Holtz, Jürgen. Geboren 1932. Schauspieler, an der Volksbühne Berlin, am Deutschen Theater und Berliner Ensemble. Verließ 1983 die DDR. Spielt heute vorrangig wieder am BE.

Die Rätsel, die das Denken aufgibt, löst nur die Kunst.

Hrdlicka, Alfred. Geboren 1928. Österreichischer Bildhauer.

Für ihn gilt: Arbeiten bis zum Umfallen – denn sonst fällt man schon vorher um.

Jelinek, Elfriede. Geboren 1946. Österreichische Schriftstellerin. Romane, Theaterstücke. Nach Angriffen durch die FPÖ, auf Wahlplakaten 1995, erließ sie ein Aufführungsverbot ihrer Stücke für Österreich. Mit Einar Schleefs Inszenierung »Ein Sportstück« kehrte sie 1998 bravourös skandalös ins Burgtheater zurück.

Wenn Dichter politische Weitsicht zeigen, wehrt sich jede Obrigkeit – indem sie sich einfach entschließt, darin nur ein Augenleiden zu sehen.

Kaiser, Wolf. 1916 bis 1992 (Freitod). Schauspieler in Bayreuth, München, Leipzig, seit 1950 am Deutschen Theater, am Berliner Ensemble und der Volksbühne. Legendär als Mackie Messer in der »Dreigroschenoper«, im DDR-Fernsehen: Titelrolle im Industrie-Mehrteiler »Meister Falk«.

Er wollte dem unwürdigsten Sterben entgehen: um jeden Preis am Leben bleiben zu wollen.

Keller, Inge. Geboren 1923. Schauspielerin. Seit 1950 Mitglied des Deutschen Theaters Berlin.

Über ihre Kunst sagte der US-amerikanische Theaterregisseur Robert Wilson: »Nur die große Jessye Norman kann so singen, wie Inge Keller spricht.«

Klar, Christian. Geboren 1952. Studium der Geschichte und Philosophie. 1982 bei Hamburg als RAF-Terrorist verhaftet. Verurteilt wegen neunfachen Mordes und elffachen Mordversuchs. Im Dezember 2008 entlassen.

Ein Schriftsteller fragte, bei aller Ablehnung des Mannes, doch nach den Kräften, die nötig gewesen seien, um es »da drinnen« so lange auszuhalten. Antwort ist schwierig. Und wirft die neue Frage auf: Welche Kraft kostet es wohl, das Draußen auszuhalten?

Knabe, Hubertus. Geboren 1959. Sohn des Waldforschers und Grünen-Mitbegründers Wilhelm Knabe. Die Eltern waren aus der DDR geflohen. 1980 bis 1987 Einreiseverbot in die DDR. Pressesprecher der Grünen in Bremen. Promotion: »Umweltkonflikte in der DDR«. Lektor in Ljubljana. Arbeit in der Forschungsabteilung der Gauck-Behörde. Seit 2001 wissenschaftlicher Direktor der Gedenkstätte Berlin-Hohenschönhausen.

Der Gegner ist böse. Schade, dass man dadurch selber nicht automatisch gut wird.

Köhler, Horst. Geboren 1943. Stammt aus einer »volksdeutschen« Bauernfamilie: deutsch besetztes Polen, Warthegau, Markleeberg, 1953 Flucht aus der DDR. Dann vier Jahre Leben in einem westdeutschen Flüchtlingslager. Als Staatssekretär langjähriger »Sherpa« des Kanzlers Kohl fürs Internationale. 2000 Direktor des IWF. Ab 2004 Bundespräsident.

Das Wort wird immer flüchtiger. Weil der Drang nach Sonntagsreden so grenzenlos ist.

Kohl, Helmut. Geboren 1930. 1969 bis 1976 Ministerpräsident von Rheinland-Pfalz. 1982 (durch erstes erfolgreiches »konstruktives Misstrauensvotum« in der BRD, gegen Helmut Schmidt) bis 1998 Bundeskanzler. Als er 2008 zum zweiten Mal heiratete (erste Ehefrau Hannelore 2001 Freitod wegen Lichtallergie), waren »Bild«-Chefredakteur Kai Diekmann und Ex-Medien-Mogul Leo Kirch die Trauzeugen. 1998 CDU-Spendenaffäre: Kohl verweigert die Namen eines Millionen-Beitrages – gegen das Gesetz, das er selber unterschrieben hatte.

Er sprach von »blühenden Landschaften« im Osten – um zu verschweigen, was dem Osten blühen würde?

Lafontaine, Oskar. Geboren 1943. 1985 bis 1998 Ministerpräsident des Saarlandes. 1995 bis 1999 SPD-Vorsitzender. 1998 Schröders Finanzminister, baldiger Rücktritt wegen Kurs-Differenzen. 2005 Übertritt zur WASG (Wahlalternative Arbeit und soziale Gerechtigkeit), die mit der PDS zur LINKEN wurde. 2007 Parteichef (mit Lothar Bisky) und Fraktionschef (mit Gregor Gysi) im Bundestag. 1990 wurde er bei einem Wahlkampfauftritt durch Messerstiche einer psychisch Kranken lebensgefährlich verletzt.

Natürlich gibt es uneingeschränkt ehrliche, selbstlose Politiker. Bis zu dem Zeitpunkt, da sie unbedingt gewählt werden wollen.

Löffler, Sigrid. Geboren 1942. Bekannteste Kultur-Journalistin Österreichs. Zur umtosten Heine-Preisverleihung an Peter Handke erklärte sie 2006 ihren Jury-Rücktritt: Protest gegen »haltlose wie rufschädigende Behauptungen über den Gekürten«. 2006 bis 2008 Chefredakteurin der Zeitschrift »Literaturen«.

Was es alles gibt!, sogar Rezensentungsbewusstsein.

Marx, Karl. 1918 bis 1881. Schrieb mit Friedrich Engels das »Kommunistische Manifest«. Genialer Kritiker der politischen Ökonomie. Unvollendet gebliebenes Hauptwerk: »Das Kapital«.

Marx und das Betriebsgeheimnis der Geschichte: Aus der Sklaverei in den Feudalismus; aus dem Feudalismus ins Bürgertum; aus dem Bürgertum in den Sozialismus; aus dem Sozialismus in den Kommunismus – nur aus dem Kommunismus scheint es keinen Ausweg zu geben.

Mayer, Hans. 1907 bis 2001. Bedeutendster marxistischer Literaturwissenschaftler. 1935 bis 1945 Exilant in Frankreich und der Schweiz. Lehrte an der Leipziger Universität im berühmten Hörsaal 40. Ab 1965 Professor für deutsche Literatur und Sprache an der TU Hannover.

Der Stand der deutschen Literatur: Alles ist schon geschrieben worden. Aber noch nicht von jedem.

Merkel, Angela. Geboren 1954. Physikerin. Promovierte über die Berechnung der Geschwindigkeitskonstanten von Elementarreaktionen einfacher Kohlenwasserstoffe. 1989 stellvertretende Sprecherin der Regierung de Maizière. 1991 bis 1998 Ministerin im Kohl-Kabinett. Ab 2000 CDU-Vorsitzende. Ab 2005 erste deutsche Bundeskanzlerin.

Sie sagt, sie sei konservativ. Das ist die Floskel derer geworden, denen auch nichts mehr einfällt.

Modrow, Hans. Geboren 1928. Volksschüler, Maschinenschlosser, Ökonom, FDJ-Funktionär, 1973 bis 1989 SED-Chef in Dresden, November 1989 DDR-Ministerpräsident, PDS-Politiker und -Ehrenvorsitzender.

Wie traurig ist die Geschichte des Enthusiasmus – der Sozialismus ist noch gar nicht richtig geboren, da waren viele seiner Opfer schon begraben.

Mühe, Ulrich. 1953 bis 2007. Schauspieler. Spielte am Deutschen Theater Berlin, ab 1990 in Wien, bei den Salzburger Festspielen, an der Berliner Schaubühne. Filme u. a.:»Hälfte des Lebens« (mit Jenny Gröllmann), »Spinnennetz«, »Der Stellvertreter«, »Das Leben der Anderen« (2007 Oscar für den besten nicht-englischen Film). Im ZDF »Der letzte Zeuge«. Gehörte 1989 zu den Initiatoren der Massendemonstration am 4. November auf dem Berliner Alexanderplatz. Verließ 1990 bewusst die DDR-Bühne:»Vielleicht waren wir Theaterleute beteiligt daran, dass das Publikum auf die Straße gegangen war, nun mussten wir erkennen, dass es nicht zu uns zurückkehrte. Wie grau auch ich schon war, entdeckte ich erst zur Wendezeit.«

Heiner Müller: Ein x-beliebiger Schauspieler zeigt mit dem Finger nach oben und sagt:»Da ist der Mond!« Mühe kann die Entfernung zum Mond spielen.

Mühlfenzl, Rudolf. 1919 bis 2000. Begann als Dramaturg und satirischer Radiokommentator in München, Pseudonym Rufus Mücke. Ab 1969 Fernseh-Chefredakteur des Bayerischen Rundfunks. Seitdem häufige Vorwürfe, Programmentscheidungen nach parteipolitischen Kriterien der CSU zu treffen. 1986 Präsident der Bayerischen Landeszentrale für Neue Medien. 1990, als Rentner, zum Rundfunkbeauftragten der neuen Bundesländer gewählt.

Mancher Ehrgeiz geizt am wenigsten mit Ehre.

Müller, Heiner. 1929 bis 1995. Mitarbeiter im Landratsamt Waren, Hilfsbibliothekar, dann großer deutscher Dramatiker. Wird 1961 wegen der Aufführung seiner »Umsiedlerin« aus dem Schriftstellerverband ausgeschlossen. 1990 bis 1993 Präsident der Akademie der Künste, 1995 Intendant des Berliner Ensembles.

Seine Dichtung porträtierte das Morgenrot: Die einfache Zukunft lässt alle herein, die lichte schaut in die Liste.

Müntefering, Franz. Geboren 1940. Seit 2008 wieder SPD-Vorsitzender, hatte bislang alle nur möglichen Spitzenposten der Partei inne. 2005 geißelte er Hedge-Fonds und Investment-Gesellschaften als »Heuschrecken«. In früher Lebenszeit dichtete er, und das sogar knorrig gut: »Hartmut Hartmann aus Hartburg harrt härterer Härten. Ausgeharrt, eingescharrt.«

Er steht für Treue zur Parteilinie. Schon gar im Teufelskreis.

Oettinger, Günther. Geboren 1953. Rechtsanwalt. Schlug als baden-württembergischer Landesvorsitzender der Jungen Union 1989 vor, aus Sicherheitsgründen das Motorradfahren auf öffentlichen Straßen zu verbieten. 1991 Führerschein-Entzug, wegen 1,4 Promille im Blut. Seit 2005 baden-württembergischer Ministerpräsident.

Farbfernsehen ist sinnlos. Bestimmte Politiker erröten nicht.

Peymann, Claus. Geboren 1937. Regisseur und Intendant. Er hob jede Bühne, die er leitete, auf ein theatergeschichtliches Niveau: Stuttgart (Filbinger ekelte ihn wegen Zahngeldspende für RAF-Häftlinge raus), Bochum, Wien (Österreich größter Theaterskandal: »Heldenplatz« von Thomas Bernhard). 2007 löste er Streit aus, weil er dem ehemaligen RAF-Mitglied Christian Klar ein Praktikum am BE anbot und dessen antikapitalistischen Äußerungen verteidigte.

Gedicht von Heiner Müller: » Alle verlassen das brennende Haus./ Außer Claus./ Der guckt raus.«

Platzeck, Matthias. Geboren 1953. Studierte biomedizinische Kybernetik. Umwelthygieniker in Potsdam. 1989 Mitbegründer der Grünen Liga der DDR. Grüner Umweltminister in Brandenburg. 1995 SPD. Oberbürgermeister Potsdam. Seit 2002 Ministerpräsident Brandenburgs. War 2005 einige Monate SPD-Chef, Rücktritt nach zweifachem Hörsturz.

In manchem Rückzug steckt eines Menschen schönster Vorzug.

Poullain, Ludwig. Geboren 1919. Sparkassenlehre. 1969 bis 1977 Vorstandsvorsitzender der West LB. 1967 bis 1972 Präsident des Deutschen Sparkassen- und Giroverbandes. Rücktritt wegen eines millionenschweren Beratervertrages bei einem Unternehmer.

Geld verändert den Charakter nicht, es zeigt ihn.

Reich-Ranicki, Marcel. Geboren 1920. Überlebte das Warschauer Ghetto. War Kommunist und arbeitete für den polnischen Geheimdienst. Wird seit langem als großkritischer »Literaturpapst« der Bundesrepublik gehandelt.

In jeder Rezension am aufregendsten: jenes Urteil, welches das Buch über den Kritiker fällt.

Renft, Klaus. 1942 bis 2006. Gründete 1958 in Leipzig die Klaus-Renft-Combo, ab 1962: die »Butlers«, 1964 Verbot, ab 1967 wieder Klaus-Renft-Combo. Nach erneutem Verbot 1976 Ausreise nach Westberlin. RIAS-Musikredakteur und Tonmeister am Renaissance-Theater. 1981 Aberkennung der DDR-Staatsbürgerschaft.

Er nahm den Staat mit Schalk auf die leichte Schulter. Da machte der ihm schwer zu schaffen.

Schabowski, Günter. Geboren 1929. Redakteur der Gewerkschaftszeitung »Tribüne«, 1978 Chefredakteur »Neues Deutschland«, 1985 SED-Chef von Berlin, Mitglied des Politbüros. 1990 aus der SED-PDS ausgeschlossen. Einige Jahre Redakteur einer Anzeigenzeitung in Hessen.

Entschlossene Funktionäre wollten den Klassenkampf gewinnen. Den entschlossensten aber genügte, ihn zu überstehen.

Schäuble, Wolfgang. Geboren 1942. 1984 bis 1989 Bundesminister für besondere Aufgaben und Chef des Bundeskanzleramtes. 1990 BRD-Verhandlungsführer für den Einigungsvertrag. 1998 bis 2000 CDU-Chef. Seit 2005 Innenminister – einziges Kabinettsmitglied, das schon vor der Wiedervereinigung Bundesminister war. 1990 durch ein Attentat lebensgefährlich verletzt, seither Leben im Rollstuhl.

Er handelte den Einigungsvertrag aus. Zur Strafe ist seine politische Karriere, seitdem, an den Namen des damaligen ostdeutschen Unterhändlers und barschelesken Ehrgeizlings »Krause« gebunden.

Schiffer, Claudia. Geboren 1970. Topmodel vom Niederrhein. Aber: Abitur.

Ohne den Gesichtskult gäbe es weit weniger Masken.

Schorlemmer, Friedrich. Geboren 1944. Theologe. Buchautor. Vikar in Halle. Studentenpfarrer in Merseburg. Ab 1978 Dozent am Evangelischen Predigerseminar in Wittenberg. Ließ 1983 im dortigen Lutherhof ein Schwert zur Pflugschar umschmieden. 1988 »20 Wittenberger Thesen« zur Demokratisierung der DDR. Viele Jahre Studienleiter bei der Evangelischen Akademie. Schlug vor, Stasi-Akten in einem »Freudenfeuer« aufgehen zu lassen.

Die wichtigste Wahrheit, die er verbreitet: Gott ist ein Tätigkeitswort.

Schröder, Gerhard. Geboren 1944. Bauhilfsarbeiter, zweiter Bildungsweg, Jurastudium, Juso-Bundesvorsitzender, 1990 bis 1998 niedersächsischer Ministerpräsident, 1998 bis 2005 siebenter deutscher Bundeskanzler.

Wir wollen Zukunft bauen, sagte er gern. Es klang wie die frohe Ankündigung, einen Unfall zu bauen.

Simonis, Heide. Geboren 1943. Lektorin für Deutsch in Sambia, Tutorin für Deutsch in Japan, im Arbeitsamt Kiel Beraterin für Abiturienten. 1993 bis 2005 Ministerpräsidentin von Schleswig-Holstein.

Immerhin: ein schüchterner Regine-Hildebrandt-Versuch des Westens.

Sodann, Peter. Geboren 1936. Studium an der Arbeiter- und Bauernfakultät. Schauspielstudium. Wegen »konterrevolutionären« Studenten-Kabaretts 1961 in Leipzig verhaftet, SED-Ausschluss. 1975 Schauspieldirektor in Magdeburg, ab 1980 Arbeit in Halle. Bis 2005 Intendant des »neuen theaters«, das Sodann zur populären Kulturinsel entwickelte. 1991 bis 2007 Hauptrolle im MDR-»Tatort«.

Er beweist mit seinem Traum von der gerechten Gesellschaft, dass selbst die unverbesserlichen Optimisten nicht bedingungslos jeder Utopie folgen. Nein, diese muss schon hoffnungslos genug sein.

Steinmeier, Frank-Walter. Geboren 1956. Und zwar in Detmold, dann aufgewachsen in der zur Stadt Schieder-Schwalenberg gehörenden Gemeinde Brakelsiek – solche Orte rufen nach Flucht, daher seit 2005 Außenminister. Jurist. Während des Studiums Mitarbeiter der Zeitschrift »Demokratie und Recht«, von der SED unterstützt und herausgegeben vom Pahl-Rugenstein-Verlag, den der Verfassungsschutz beobachtete. 1998 (nach Schröders Wahl) Staatsekretär, verantwortlich für Nachrichtendienste. 1999 Chef des Bundeskanzleramtes. Kanzlerkandidat der SPD für die Bundestagswahl 2009.

Sozialdemokratie, das klingt mehr und mehr nach Jovialdemokratie.

Stoiber, Edmund. Geboren 1941. Jurist. Vier Jahre Syndikus für die Lotto-Toto-Vertriebsgemeinschaft Bayern. Unter Franz Josef Strauß CSU-Generalsekretär, von 1999 bis 2007 Parteichef, bis 2007 auch bayerischer Ministerpräsident.

In jedem Menschen mag, tief innen, ein Politiker stecken. Er aber ließ ihn raus. Das ist Fluchthilfe und also Beihilfe zum desorganisierten Verbrechen.

Strauß, Botho. Geboren 1943. Erst Theaterkritiker, dann einer der wesentlichen deutschen Dramatiker und Essayisten. Poetischer Theoretiker, theoretischer Poetiker.

Linke betobten ihn ruppig als Rechten (zu mythisch und mystisch, der Mann!), da schrieb er einen schönen Satz gegen jene, die überall, wo sie das Nationale riechen, »Gespenster einer Geschichtswiederholung« fürchten: »Wehret den Anfängen? Ach! Setzt selber einen brauchbaren!«

Struck, Peter. Geboren 1943. SPD-Fraktionsvorsitzender im Bundestag. Prägte den Begriff »Strucksches Gesetz« – kein Gesetz dürfe den Bundestag so verlassen, wie es hineinkomme.

Dass er so einschläfernd nüchtern wirkt, ist vielleicht Spätfolge seiner Promotion zum Thema »Jugenddelinquenz und Alkohol«.

Ullmann, Wolfgang. 1929 bis 2004. Theologe, Kirchenhistoriker, Politiker von Bündnis 90/Die Grünen. Hatte 1989 mit Konrad Weiß und Ulrike Poppe die Bürgerbewegung »Demokratie Jetzt« begründet.

Er warnte die Kommunisten beizeiten: Beruft euch nicht so laut auf Marx! Er könnte euch hören.

Vogel, Bernhard. Geboren 1932. 1976 bis 1988 Ministerpräsident von Rheinland-Pfalz, 1992 bis 2003 Ministerpräsident von Thüringen – damit bislang einziger Politiker, der zwei Bundesländer regierte.

Er hat durchaus etwas Bedeutendes vorzuweisen: Hans-Jochen Vogel ist sein Bruder.

Wagenknecht, Sahra. Geboren 1969. Studierte Philosophin. Seit 1991 Mitglied der Kommunistischen Plattform der PDS. Lange Jahre im Parteivorstand, jetzt auch der LINKEN. Seit 2004 Europaparlamentarierin.

Natürlich muss man schöne utopische Luftschlösser bauen! Aber es wird immer schwerer, Mieter zu finden. In diesen Schlössern wird es auch künftig an Luft fehlen.

Waigel, Theo. Geboren 1939. Promovierte zum spannenden Thema »Die verfassungsmäßige Ordnung der deutschen, insbesondere der bayerischen Landwirtschaft«. 1989 bis 1999 Finanzminister, 1988 bis 1999 CSU-Vorsitzender.

Er war lange Chef einer Partei, von der Bayerns größter Kunst-Anarchist, Herbert Achternbusch, sagte: Die CSU hat Sehnsucht nach kommunistischen Greueln.

Walser, Martin. Geboren 1927. Erzähler und Essayist. Mitglied der Gruppe 47. Bekämpfte in Zeiten blühender Entspannungspolitik vehement und aufrichtig störrisch die deutsche Teilung, er erlaubt sich – als Deutscher! – ein »Geschichtsgefühl«.

Bei allem, was er veröffentlicht, wird offenbar: Schreiben ist ihm das Setzen von Punkten, deren Schatten Fragezeichen sind.

Wecker, Konstantin. Geboren 1947. Sänger, Komponist und Autor.

Er nutzt in seiner Arbeit aus, dass Menschen ihre Augen nicht vor Wahrheiten verschließen können, die sie hören.

Willemsen, Roger. Geboren 1955. Nachtwächter, Reiseleiter, Museumswärter, Übersetzer, Universitätsdozent, Kulturkorrespondent, TV-Kult-Interviewer, Moderator, Redner, Lebenskünstler, Dokumentarfilmer, Bestsellerautor.

Er wirkt beim Aus-Plaudern derart glücklich und sprudelnd und betont geheimnisvoll, als habe er Gottes Notizbuch gefunden.

Wowereit, Klaus. Geboren 1953. Seit 2001 Regierender Bürgermeister von Berlin. Als er fürs Amt kandidierte, sagte er auf dem Sonderparteitag der SPD, was zum geflügelten Wort wurde: »Ich bin schwul – und das ist auch gut so.«

Partei, das ist ein Wort ganz nah bei Party.

HARALD KRETZSCHMAR

1931 in Berlin-Steglitz geboren. Schulbesuch mit Abitur 1950 Kreuzschule Dresden. Studium mit Grafikerdiplom 1955 Hochschule für Grafik und Buchkunst Leipzig. Seit 1955 regelmäßiger freier Mitarbeiter der Wochenzeitschrift »Eulenspiegel«. Autor zeitkritischer Karikaturen und von Porträtkarikaturen prominenter Persönlichkeiten aus der Kulturszene. Daneben zahlreiche Buchpublikationen, auch als Textautor und Herausgeber, sowie freie druckgrafische Arbeiten für Kunstausstellungen. Reiseskizzen und Reisefeuilletons. Philosophische Cartoons.

Seit 1990 Zeichner aktuell-politischer und philosophischer Cartoons für die Tageszeitung »Neues Deutschland«. Eigene Ausstellungen mit farbigen Acrylporträts. Tätigkeit als Kunstkritiker. Gleichzeitig Buchautor: »Macher und Gemachte. Kopfbetrachtungen« mit H.-D.Schütt (1990). »Is was? Texte und Karikaturen 1984-1994« (1995). »Die nackte DEVA. Porträtkarikaturen zu Anekdoten« mit Heinz Thiel (1996). »Wem die Nase passt. 55 Jahre Porträtist unter Porträtierten« (2001) »Paradies der Begegnungen. Der Künstlerort Kleinmachnow« (2008; der Autor wohnt seit 1956 in Kleinmachnow bei Berlin).

1948 in Ohrdruf (Thüringen) geboren. Abitur an der Salzmannschule Schnepfenthal. Berufsausbildung als Gummifacharbeiter und Buchhändler. Ab 1969 Studium der Theaterwissenschaften in Leipzig. Ab 1973 Kulturredakteur der Tageszeitung »Junge Welt«, von 1984 bis November 1989 Chefredakteur. Verschiedene journalistische Tätigkeiten. Seit 1992 Redakteur der Tageszeitung »Neues Deutschland«.

Zahlreiche Buchveröffentlichungen, u.a. »Macher und Gemachte. Kopfbetrachtungen« (mit Harald Kretzschmar), »Kurt Böwe – Der lange kurze Atem« (Biographie), »Regine Hildebrandt – Ich seh doch, was hier los ist« (Biographie), »Die Farbe Schwarz-Weiß« (Feuilletons), »Peymann von A bis Z« (eine biographische Collage aus Selbstaussagen). Drehbücher (mit Ullrich H. Kasten) zu den Dokumentarfilmen »Die Langhoffs«, »Der Eiserne Vorhang – Theater in Berlin«, »Hitler und Stalin. Porträt einer Feindschaft«.

Im Karl Dietz Verlag Berlin erschienen zuletzt: »Schorlemmer. Die Welt hinter den Fragen« und »Die Erde ist der fernste Stern. Gespräche mit Robert Menasse«.